奥运梦 志愿路 家国情

燕山大学服务保障北京2022年冬奥会、冬残奥会宣讲优秀成果集

共青团燕山大学委员会 主编

燕山大学出版社

·秦皇岛·

图书在版编目（CIP）数据

奥运梦　志愿路　家国情：燕山大学服务保障北京 2022 年冬奥会、冬残奥会宣讲优秀成果集 / 共青团燕山大学委员会主编．—秦皇岛：燕山大学出版社，2023.4

ISBN 978-7-5761-0437-0

Ⅰ．①奥… Ⅱ．①共… Ⅲ．①冬季奥运会－大学生－青年志愿者行动－社会服务－河北－文集 ②世界残疾人运动会－奥运会－大学生－青年志愿者行动－社会服务－河北－文集 Ⅳ．①G811.212-53②G811.228-53

中国版本图书馆 CIP 数据核字（2023）第 047069 号

奥运梦　志愿路　家国情
——燕山大学服务保障北京 2022 年冬奥会、冬残奥会宣讲优秀成果集
AOYUNMENG　ZHIYUANLU　JIAGUOQING

共青团燕山大学委员会　主编

出 版 人：陈　玉				
责任编辑：唐　雷				
责任印制：吴　波		封面设计：祝锁卿		
出版发行：燕山大学出版社		电　　话：0335-8387555		
地　　址：河北省秦皇岛市河北大街西段 438 号		邮政编码：066004		
印　　刷：秦皇岛墨缘彩印有限公司		经　　销：全国新华书店		
开　　本：710 mm×1000 mm　1/16		印　　张：16		
版　　次：2023 年 4 月第 1 版		印　　次：2023 年 4 月第 1 次印刷		
书　　号：ISBN 978-7-5761-0437-0		字　　数：200 千字		
定　　价：98.00 元				

版权所有　侵权必究
如发生印刷、装订质量问题，读者可与出版社联系调换
联系电话：0335-8387718

本书编委会

主　任： 赵险峰

副主任： 谢延安　黄　晟

委　员： 段　磊　王海涛　胡冰煜　白丽丽　杨晓芳
　　　　　陈　硕　马　媛　聂文龙　魏　东　张　颖
　　　　　邹　楠　张　薇　夏亮亮　王　男　曹婷婷
　　　　　李忠华　李　莹　徐　原　杨春婧　刘懿颖

本书编辑部

主　编： 段　磊

副主编： 王海涛

编　辑： 胡冰煜　白丽丽　杨晓芳　陈　硕　马　媛

卷首语

在服务保障北京 2022 年冬奥会、冬残奥会工作中，燕山大学承担了一系列光荣而重大的任务，成为国家冬季两项中心志愿者主责高校、古杨树场馆群志愿者主要来源高校和北京冬奥会闭幕式演职人员主要来源高校，先后派出 6 名管理人员、323 名志愿者和 233 名演职人员，打造了一支主动担当、积极作为的工作队伍，是河北省派出服务冬奥人数最多的高校，也是冬奥会闭幕式参演人数最多的单位，为北京冬奥会和冬残奥会的成功举办贡献了力量。

在冬奥志愿服务中，学校志愿者服务于 22 个业务领域近百个工作岗位，是古杨树场馆群和国家冬季两项中心人数占比最大、服务时间最长的志愿者团队，成为张家口赛区志愿服务的中坚力量和关键支撑。

在冬奥会闭幕式演出中，学校演职人员历经 86 天驻秦和进京训练，不畏艰辛、不辱使命，参与了闭幕式展演的全流程，用热情洋溢的笑容、青春灵动的身影和精湛美妙的表演，为世界奉献了一场精彩绝伦的视听盛宴。

在冬奥筹办和举办期间，学校党委坚决履行主体责任，团结带领全校上下深入贯彻习近平总书记重要指示批示精神和各项决策部署，全面落实"四个办奥"理念和"简约、安全、精彩"的办赛要求，统筹做好各项工作，以充分的准备、最好的状态和完美的表现，向全世界展现了熔铸在燕大人骨子里的奋斗基因、工匠精神、卓越品质和家国情怀，为此次冰雪盛会的成功举办增光添彩。

在服务冬奥工作中，学校涌现了河北省唯一大学生冬奥火炬手王少伟，冬奥会闭幕式接受国际奥组委致谢的志愿者代表张鸿博，中共中央国务院表彰北京冬奥会、冬残奥会突出贡献个人冯益为等一批先优典范，先后被央视《新闻联播》《朝闻天下》《晚间新闻》以及《人民日报》、新华社、《光明日报》、学习强国总台等媒体报道三百余次，共同诠释了"奉献、友爱、互助、进步"的志愿精神，唱响了"一起向未来"的冰雪欢歌。

  本书汇集了50余位燕山大学服务保障北京2022年冬奥会、冬残奥会人员的亲历、亲为、亲感，用第一视角描绘了燕大冬奥人践行"请党放心、冬奥有我"的铿锵誓言，用责任与担当大力弘扬北京冬奥精神，赓续百年学府光荣与梦想的壮丽史诗，将激励全校师生踔厉奋发、笃行不怠，以实际行动和优异成绩为实现中华民族伟大复兴的中国梦而不懈奋斗！

目录

第一章 奥运梦

冰雪追逐梦想　青春献礼祖国	产　佳	（002）
让服务冬奥成为展现中国风采的窗口	杨广辉	（007）
辅导员眼中的冬奥荣光	王昕琦	（011）
冬奥之约：一场师生与祖国的双向奔赴	张　薇	（017）
以青春之名　共赴冰雪之约	马　双	（021）
让世界看到新时代的中国青年	冯益为	（025）
我的三重冬奥身份	王少伟	（031）
233片小雪花的冬奥之舞	刘佳鑫	（036）
有爱　无碍	赵丽晓	（043）
当中国红遇见冰雪白	王佳辉	（048）
小雪花背后的精彩	高圣寒	（052）
参与奥运盛会　感受时代脉搏	刘嘉璐	（056）
办奥防疫　精彩安全	张伟萍	（060）
使命在肩　初心如磐	章婷婷	（064）
努力展现出当代青年应有的样子	王智健	（067）
家门口的奥运盛会一定不能缺席	郭凯宇	（071）
冬奥中的青年智慧、青年担当	郭发展	（075）
冰雪为媒　共赴冬奥之约	邵佳盈	（078）

第二章 志愿路

服务冬奥两件大事：我骄傲	陈　硕	(083)
我的冬奥日记关键词	邹　楠	(089)
"执着专注，一丝不苟"一名辅导员的冬奥成长记	燕　博	(094)
我的"双奥"情	丰　乐	(101)
你的台前　我的幕后　我们都是冬奥"逐梦人"	高琰宇	(106)
从观赛服务保障出发做一朵热情的雪花	魏　东	(110)
奋斗　无论在冬奥还是在远方	林泽政	(114)
岂曰无衣　与子同袍	高梦雪	(119)
台前有美好　幕后有付出	宫军军	(124)
"三进三出"：关于崇礼、关于冬奥的那些故事	史梓锐	(128)
保持一颗奋斗的心	刘朋岳	(133)
在冬奥盛会诠释工匠精神	李斯达	(136)
服务冬奥　从心出发	张鹏飞	(139)
一百	郭浩宇	(142)
我的冬奥　从"可能被需要"谈起	王奕骅	(147)
服务冬奥　注册先行	刘毓南	(151)
尽管叫我"无名之辈"	陈靖璇	(156)
祖国需要处　皆是我故乡	周欣荣	(162)

第三章 家国情

守护初心　创造历史　共向未来··胡冰煜 (167)

守党员初心　践青春使命　做坚实后盾　传家国情怀·······················杨晓芳 (173)

每一个冬天都想起"我们在一起"··唱思迪 (178)

微光成炬··王世运 (182)

最浪漫的事　成为燕大冬奥人···赵博文 (185)

青春燃雪花　真情暖寒冬···富宏宇 (188)

冬奥给我的那些幸福与感动··丁旺龙 (192)

欣逢盛世　当不负盛世··石晓飞 (196)

"双领域"雪花的冬奥故事··冀婉钰 (201)

与冬奥携手同行···黄子曼 (207)

缘起志愿情　共赴冬奥梦··栾鹏羽　石奇龙 (211)

点点冰雪梦　拳拳家国情···郝　玥 (215)

燕大家国情　冬奥初心梦···关舒心 (220)

遇见冬奥　遇见更好的自己··宋　慈 (225)

南方人的冬奥之旅··许靖安 (229)

传承冬奥精神　共赴精彩未来···卢　楠 (234)

我们和雪花有个约会···李明璇 (239)

冰雪语者··于浩瀚 (243)

第一章　奥运梦
胸怀大局　自信开放

冰雪追逐梦想
青春献礼祖国

产佳

燕山大学机械工程学院党委书记

北京2022年冬奥会、冬残奥会期间，我担任张家口赛区国家冬季两项中心志愿者经理，荣获"北京冬奥会、冬残奥会河北省先进个人"荣誉称号。

十四载，变化的是年轮，不变的是奥运情

2001年7月13日，中国成功申办2008年奥运会，还在读大学的我就在心中期盼，希望有机会参与这次盛会。2008年北京奥运会足球预选赛在秦皇岛市举行，我有幸参与学校服务奥运会志愿者的推荐选拔、政审等相关工作，这次志愿服务工作让我深刻体会到"不参加一次奥运会，你就不知道自己有多爱国"，也让我更加深刻地知道志愿服务的价值，学生志愿者们晒黑的脸上洋溢的自豪和骄傲，更是深深地印刻在我的脑海中。

2015年7月31日，当听到国际奥委会主席巴赫宣布2022年冬奥会的举办城市是北京时，我激动万分，为冬奥会能够在中国举办而自豪，为自己能够赶上这难得的历史际遇而兴奋！我下决心要把握机会，

第一章 奥运梦
胸怀大局　自信开放

通过志愿服务再次为奥运、为祖国出份力。

2020年，经过个人申请、组织推荐和面试，我被确定为国家冬季两项中心志愿者经理候选人，直接进入竞赛场馆参与冬奥会筹办工作的全过程，工作涉及志愿者的招募、培训、激励保障，以及场馆志愿者之家的设施建设、残奥转换等工作，很多都是第一次接触，这些工作让我既感压力又倍感光荣。而此时，我的双奥梦，终于从理想成为现实！

四百四十八天，变化的是季节，不变的是初心

2021年1月13日，我来到张家口进入场馆集中办公。这一来就工作了448天，在这里度过了两个农历春节，直至冬残奥会闭幕。

初入崇礼，室外零下二三十度，工作场所海拔1600多米，我很不适应，特别是在冬奥会志愿服务方面没有任何经验，面对这些困难，我一边加强身体锻炼，调整好状态尽快适应，一边加强自身学习，熟悉冬奥会和冬残奥会有关知识、掌握场馆运行计划、熟知比赛项目等情况，以便更好地开展志愿服务工作。

不久，我就加入了"相约北京"系列冬季体育赛事雪上项目测试活动，这是对冬奥志愿服务工作一次难得的实战检验。连续11天，我们坚守在零下二三十度的室外，开展验证、计时计分设备检查等工作；每天无论结束多晚都组织志愿者们进行"复盘式"总结，记录问题、研究解决办法；我们还成立了临时党支部、团支部，让战斗堡垒作用得到充分发挥。测试活动期间，我带领的国家冬季两项中心52名志愿者累计服务赛事30场、服务时长2978小时，受到场馆方和运动员的一致认可。

在张家口赛区国家冬季两项中心场馆工作期间，辛丑年和壬寅年的两个农历新年，以及自己的两个生日都在场馆度过。我的爱人在家独自带着五岁的孩子，从来不向我抱怨，一直鼓励我说："家里的事不用操心，你安心工作。"我的父亲70多岁，曾在中国人民解放军海军北海舰队服役，是一名老党员，7月份住院做了手术，父母怕我担心，影响工作，也没有告诉我，直到我因招募和选拔志愿者工作回到秦皇岛时，才知道这一切，父亲躺在病床上对我说："不告诉你是怕影响你工作，冬奥会是国家大事，你能参与是荣幸也是荣耀，要好好工作完成任务。"家人的支持更加坚定我冬奥志愿服务的信心，也时刻提醒着我服务冬奥的初心，激励着我不断前行。

一千二百小时，变化的是日夜，不变的是坚守

从2022年1月23日冬奥会进入赛时阶段，到3月13日冬残奥会闭幕，我和场馆近1400名工作人员坚守在一线，用实际行动镌刻着"北京冬奥精神"的宝贵内涵。

冬奥会赛时阶段，正值张家口崇礼每年冬季最寒冷的一段时间，国家冬季两项中心作为户外雪上场馆，我们这些工作人员需要在户外零下二三十度的环境中顶风雪、战严寒，帽子挂霜了、眉毛结冰了、脸蛋冻红了、口罩冻硬了、手指冻僵了……都是我们最真实的写照。配发的哪怕是很好的御寒服装鞋帽，在崇礼的极寒天气和大风雪中也只能维持不到1个小时的温暖；N95口罩每半个小时就要更换，因为湿透之后结上冰霜已经失去了防护功能；在工作岗位上一整天都不敢喝水，因为上岗之后几乎没有时间回办公区的洗手间……还记得赛事期间崇礼遭遇数场大规模降雪，为了保障场馆正常运行，我和志愿者

第一章　奥运梦
胸怀大局　自信开放

们经常放弃休息机会，主动承担起场馆公共区域的清雪任务，每次一干就是几个小时，积雪清完了，衣服却湿透了，场地畅通了，从头到脚却冻麻木了……面对这些工作和生活上的困难，大家没有抱怨、没有牢骚，始终展现着青年人的乐观、青年人的担当、青年人的作为。

整个赛时阶段，我和我所在的运行团队，胸怀大局、勠力同心，只为向全世界呈现精彩绝伦的冰雪赛事；大家迎难而上，从无到有，在苦干实干中圆满完成了从测试赛到冬奥会、冬残奥平稳运行的艰巨任务；大家追求卓越、精益求精，在一次次模拟运行和一场场磨合演练中坚持最高标准、最严要求，才有了52场官方训练、49场正式比赛的圆满、顺利、零失误。国家冬季两项运行团队中，从工作人员到志愿者，近1400人的集体，大家来自不同地域、不同行业、不同单位，但是为了同一个办奥目标，协同联动、紧密携手，这就是对"共创未来"最生动的诠释和最执着的追求。

在观看党中央、国务院北京2022年冬奥会、冬残奥会总结表彰大会时，当听到习近平总书记那句"为了冬奥圆满成功，困难再多也嚼嚼咽了，一切付出与奉献都值得"时，我

产佳在北京2022冬奥会和冬残奥会志愿者激励保障工作交流研讨会上发言

想所有参与冬奥的建设者、工作者、志愿者都会泪湿眼眶。作为其中一员，我也倍感骄傲和自豪。星光不问赶路人，冬奥会已经告一段落，但民族复兴伟业却正是当途，让我们铭记已经创造的冬奥荣光，为了更加光明的梦想，一起向未来！让我们在青春的赛道上奋力奔跑，跑出当代青年的最好成绩，为祖国献礼！

产佳接受中央电视台记者直播采访，介绍场馆志愿者工作情况

第一章 奥运梦

胸怀大局 自信开放

让服务冬奥成为展现中国风采的窗口

杨广辉

燕山大学体育学院副院长

历经 7 年艰辛努力，北京 2022 年冬奥会、冬残奥会胜利举办，举国关注，举世瞩目。中国人民同世界各国人民一道，克服各种困难，再一次共创了一场载入史册的奥运盛会，再一次共享了奥林匹克的荣光。

在北京 2022 年冬奥会、冬残奥会期间，我担任张家口赛区古杨树场馆群国家冬季两项中心赛事服务领域经理。

作为一个足球专业的体育人，我接到服务冬奥任务时，对冬季两项这个项目并不是很了解。后来才知道，冬季两项起源于北欧的挪威，由射击和越野滑雪组成。我所在的国家冬季两项中心承接冬奥会期间冬季两项比赛以及冬残奥会期间残奥冬季两项和残奥越野滑雪的比赛，在这里也产生了 11 枚冬奥会金牌和 38 枚冬残奥会金牌。

2021 年 1 月 14 日，我接到通知的第二天就前往张家口赛区开始集中办公，为"相约北京"系列测试活动进行前期筹备工作。能够成为无数冬奥工作者中的一员，能够亲身参与到全世界最高级别的赛事之中，我的心情无比激动和自豪，但同时又感到了深深的压力。我负责的赛事服务领域是冬奥会和冬残奥会期间服务范围最广、曝光程度最高、工作压力和对志愿者体量要求最大的业务领域之一，主要面向以观众为主的客户群体提供验视、引导、咨询、帮助等服务，以营造安全有序、专业便利、友好祥和的观赛环境和观赛氛围。

国家冬季两项中心是雪上项目场馆，具有"有场无馆"的特点，所有观赛区域均在室外，对于赛事服务提出了更高的挑战。而且赛事服务讲求"一馆一策"，根本没有现成的经验可以借鉴，所有的工作都需要自己制订。为了能尽快进入工作状态，我和团队积极与冬奥组委赛事服务处联系，查询资料、学习相关政策，与场馆主管领导请教，了解场馆基本情况、工作要求，结合无数次的实地踏勘，终于制定出了符合国家冬季两项中心场馆特色的本领域工作方案及赛事志愿者培训方案。从头脑一片空白，到逐渐熟悉工作领域的每一个细节；从第一次模拟演练的茫然无措，到后面测试赛的游刃有余。随着工作的逐渐深入，无论是冬奥会观众进退场流线、赛事志愿者工作流线、工作点位、工作轮岗制度，还是赛事服务应急预案、演练脚本、每日运行计划，以及冬残奥会无障碍观众座席引导流线和残疾人服务要点，等等，所有细节我们都做到了反复磨炼，保证做到熟练、完美。

北京冬奥会和冬残奥会期间，我带领赛事服务领域全体志愿者及工作人员，共接待来自张家口9个县区的属地观众9948人次，提供移动助行、信息咨询、失物拾物等服务2600余人次，发放观赛保障物资16000余件。在一个多月的时间里，赛事服务团队志愿者在岗服务时间超过11万小时，有效劝阻破坏行为722次，制止强行闯入18人次，用严谨负责的工作态度保障了疫情防控工作顺利进行及场馆出入安全，顺利完成"守门员"工作。

第一章　奥运梦

胸怀大局　自信开放

整个冬奥会和冬残奥会期间，我见证了无数为了祖国的冬奥事业而辛勤付出的志愿者和工作人员，也见证了很多令我们感动的瞬间。我所在的国家冬季两项中心也是古杨树场馆群唯一承接冬残奥比赛的场馆，并且北京冬残奥会中国代表团首金也是在这里产生。冬残奥会的比赛和冬奥会的重要区别是，残奥运动员们最终的目标不只是最后的终点线，还有最终完成比赛，超越自己。残奥运动员会根据残疾的等级依次出发，残疾程度较重的优先出发，残疾程度较轻的出发位次靠后。在本届冬残奥会比赛中，中国残奥运动员发挥十分出色，令我印象比较深的是有一场比赛，所有的观众都在为中国队加油，志愿者带着观众们高喊"中国队加油"的声音此起彼伏，这场比赛最终中国选手获得了冠军。而有一位来自西班牙的选手，他出发的位次比较靠前，也就是残疾程度较重，他冲向终点的位次比较靠后，但是，全场观众同样为这名选手呐喊助威。我所处的位置是闭环外区域，无法进入比赛场地，但是我可以远远地看到在这位选手冲过终点线的那一刻，来自不同国家的工作人员和运动员都在为他鼓掌。在这一刻，北京冬残奥会给全世界带来温暖和感动，让我们感受到了跨越国界的共情，让世界看到了"一起向未来"的美好。

我在一线服务冬奥432天，也在崇礼连续度过了两个春节。很多

杨广辉在服务冬奥期间工作照

朋友问我辛苦不辛苦，我和他们说："咱都有机会参加冬奥工作了，哪还能想起来辛苦呀。"但其实闲下来的时候，心理还是觉得特别愧对家人，特别是我的妻子。一年多的时间，她独自在家照顾一家老小，甚至自己意外受伤也没敢告诉我，只为让我能够全身心地投入服务冬奥工作之中。

从2015年7月31日申冬奥成功到2022年3月13日冬残奥会胜利闭幕，我参与其中，兑现了自己当初的一份承诺，那就是"请党放心，冬奥有我"。冬奥虽已结束，但北京冬奥精神还将继续激励着我，在学校发展新征程中不懈奋斗！

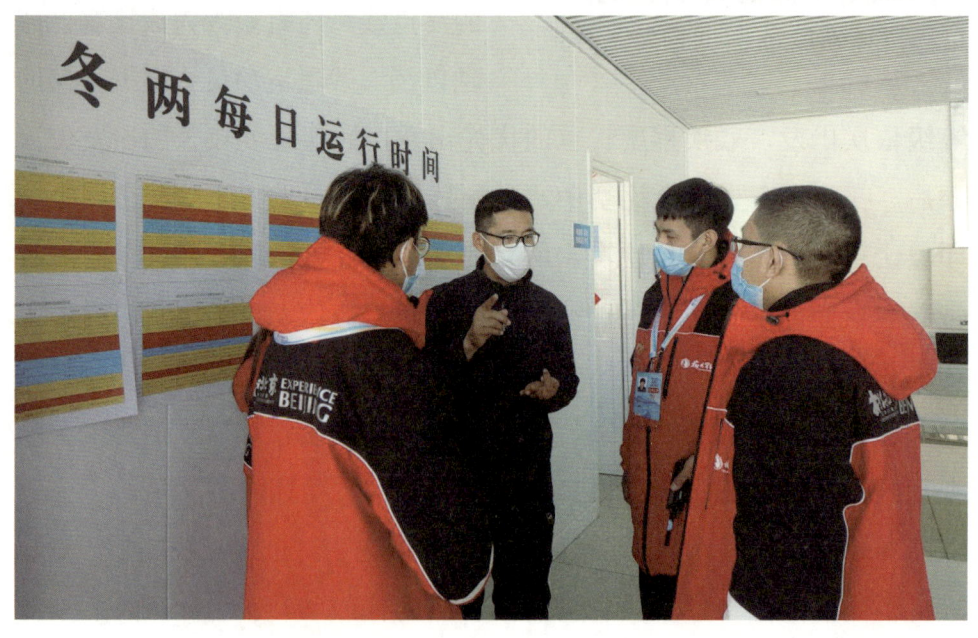

杨广辉（左二）在"相约北京"测试赛期间为志愿者部署工作

第一章 奥运梦

胸怀大局 自信开放

辅导员眼中的冬奥荣光

王昕琦

燕山大学机械工程学院辅导员

原本,我是国家冬季两项中心的志愿者,后来由于张家口颁奖广场临时需要借调一名英语专业的工作人员,学校经过综合考虑决定派我去。也就是这样,我成了张家口颁奖广场唯一一名燕大人。与冬奥在一起的126天,从场馆建设到前期准备,从冬奥到冬残奥,发生了许多精彩的故事,值得分享更值得回忆。

冬奥会很多场馆设施都是临时建设的,用来铺设和保护电线电缆的黄色线槽在场馆随处可见,它有着非常可爱又直白的中英文名字,它的英文名叫 Yellow Jacket,中文名叫黄马甲,工作中我和黄马甲之间也发生了很多故事。

我在2021年11月28日到张家口颁奖广场报到,当时距离场馆预计完工时间只有20多天,整个场馆工作人员都处在高度紧张的工作状态中,而我却像一个走错了教室的学生,一头雾水。每天跟团队开会的感觉,可能就和学生上课听不懂的样子差不多,大家说的每个字都听得懂,但合在一起却完全不知道是什么意思,Yellow Jacket 就是这样词语当中的一个。

第一次前往场馆踏勘，听到了无数遍 Yellow Jacket 之后，在完整的语境中完成了这道名词解释题，认识了它。可冬奥工作这场大考远没有这么简单，名词解释每天要做多少个根本数不清，此外还要学会看场馆分区流线图，这是一切工作的基础，也是疫情防控的需要；要对照图纸与施工方对接工程进度，慢慢看着图纸上的装置设施变成实物；还要沟通各利益相关方确认需求，比如安装摄影摄像机器人的桁架，高度符不符合要求，管子粗细合不合适等等都需要对接，这些对于一个地地道道的文科生来说，真的是零基础上考场，边学边干。

经过了艰难的适应阶段，我的工作强度也开始呈指数提升。为了配合提前到达的外方人员开展工作，场馆启动"小闭环"。场馆广场上摆着一排排的"铁马"，其实就是咱们平时说的护栏。我们通过"铁马"的连接来实现流线和分区，隔开闭环内外。当时我们说世界上最遥远的距离就是"铁马"两侧的闭环内和闭环外。我被安排稍晚进入闭环，作为团队唯一被留在"小闭环"外的工作人员，自然承担起了闭环内外的物资传递和部分对接工作，这期间用小板车送过多少防疫物资和补给已经记不清了，但我清楚地记得自己亲手搬运过的那小山一样的黄马甲。

由于疫情防控要求，闭环内外人员不能交叉，就算是运送物资也只能等到晚上进行，而且要尽量减少人员进出，车不能开进闭环，只能停在大约100米外的空地上，工作前我们要确认安全，然后把隔开闭环内外的"铁马"临时打开一节。那天，我跟送货的两名师傅通过那节临时打开的"铁马"一起搬了50米、一共56节黄马甲，也是在那天我知道了，一节黄马甲大约90厘米，一节就重30多斤，从车上拽下来掉到地上都是"砰"的一声，我终于知道黄马甲是怎么固定在

第一章 奥运梦
胸怀大局　自信开放

地上的了,原来根本不用固定,靠自重。虽然我是一个能搬得动一桶矿泉水的女汉子,但我一次真的搬不动两个黄马甲,师傅们一次搬两个,我就只能拖一个。将近零下30℃的晚上,56节黄马甲,三个人前前后后一个多小时才搬完了约1吨的黄马甲,手脚都冻僵了。但当搬完所有黄马甲,确认好,拍好照片跟闭环内的同事完成对接,我关上了临时打开的那一节"铁马"的时候,并没有感到累,而是自己发挥作用完成工作后深深的满足。

黄马甲的故事像是我在冬奥工作的缩影,在冬奥经历了许多的第一次。我收拾过几百斤的家具纸盒包装;打扫过漫天飞土的临建房;搬过数不清的生活补给和防疫物资;为了保证晚上的颁奖顺利运行,经常都是边下雪边扫雪;也在零下30℃的天气里在外面摆过几十米的"铁马",还亲手给它们套上漂亮的景观。

我还收发过一些国外摄影记者安装需求的邮件,做过突发事件应急处理预案,报送过全部15天的"小闭环"运行情况,做过2万多字的会议纪要,背过1万5千字的宣传口径,准备了10篇超万字的新闻宣传通稿,接待过几十批记者到场馆采访,盯过张家口颁奖广场全部94场混采。

更重要的是我体会过学校去崇礼慰问时,在外见到家里人的幸福;感受过独自一人在颁奖广场工作几个月后见到同事、学生的雀跃;我看过一场又一场精彩的颁奖,也欣赏过漫天飞雪、灯光璀璨的颁奖舞台;也永远记得张家口颁奖广场第一次奏响国歌全场合唱,我注视着国旗高高升起热泪盈眶的动容;4个月里,我见证了94场颁奖仪式台前的闪耀和幕后的感动。在我看来这些已是值得铭记一生的珍贵回忆,至于中间的辛苦和不易,就变得完全不值一提。从边学边干到圆满完成,中间是 50 米黄马甲，是 4 个月的时间，也是我一路的成长。

在我和冬奥的故事里，除了自己外还有另外一群人，这就要从我的本职工作讲起了。在学校，我是机械工程学院 2018 级辅导员，2021 年底我作为工作人员借调至冬奥会的时候就很纠结，原本作为志愿者的我已经跟学校申请了只参加冬奥会，就是为了能圆自己冬奥志愿梦的同时也能在毕业生面对考研、就业等重要的时间节点陪在他们身边，可作为工作人员借调，一走就是 4 个月，错过了大四这一年的 1/3。但是在国家大事面前，要分清主次，学校相信我，也给了我很多鼓励和支持，那我便要毅然前往，完成这项光荣的任务。

知道我要提前去冬奥，有些学生担心，有些学生好奇，有些学生不舍。为了让大家放心，我也想通过一些方式陪在学生身边，所以在冬奥的 4 个月中，我坚持每周写一篇周记发到网上，这些周记记录了我在冬奥会的生活，讲述了我在冬奥的见闻，也分享着我的感受和思考。从最开始一个小想法，不小心搞成了"连载小说"，我得固定每周日发，不发还会被催更。每篇周记都能收获不少点赞，大家也像十万个为什么一样有好多问题。好奇我吃什么住哪里，想了解我在那里做什么，关心我啥时候回家，当然，也有想要冰墩墩的，想见谷爱凌的。我解答着他们的疑问，分享着我的生活，同时也产生了一些意想不到的效果。

后来，学校食堂只能吃盒饭那几天有学生跟我抱怨的时候，我就用冬奥会 3 个月的盒饭回应；毕业班的学生总惦记着出去玩的时候，我就用冬奥会 4 个月超小范围的封闭回应；他们惹我生气的时候，我就用当时他们对我的惦念回应，都很有效。

更重要的是，我好像用这样的方式成了他们的眼睛，带着大家一起目睹颁奖广场的建成；看了一场又一场的颁奖仪式，期待着五星红

第一章　奥运梦
胸怀大局　自信开放

旗冉冉升起，国歌响彻夜空；他们知道每一天是第几个比赛日；他们了解颁奖广场旁边也有一个跟鸟巢一模一样的火炬；我用自己微薄的力量，把冬奥会带到了离他们更近的地方。

虽然写了那么多周记，虽然我在考研前费了好大劲回来为他们送上提前准备好的"考研加油包"，虽然我在冬奥的时候抽空亲手为每个人写下毕业卡片，落款写着"2022年3月，于崇礼"，但我仍然为自己这几个月的缺席而内疚和自责，直到有一天他们说："琦姐，你别再因为这个难过了，我们都很好，而且我们好为你骄傲啊。"那一刻我好为自己的狭隘羞愧，原来陪伴的方式不只是在你们身边，带你们看你们没机会看的世界也是。已经长大的小朋友们，谢谢你们的懂事和理解，更要谢谢你们的大方和豁达，做了你们四年辅导员的我，其实也一直在被你们教育。

作为一名燕大人，有这样一个机会能够代表学校参加到重要的国际盛事中，真的深感荣幸，也非常珍惜。在冬奥的4个月里，虽然经历过眼泪和痛苦，但更多的是成长和收获，也让我更加感谢学校在我作为学生、作为辅导员的这11年里对我的教育和培养，让我在面临新环境、新工作、新挑战的时候，有坚实的信念、应对的能力、尝试的底气。我也是换了环境才发现，燕山大学的校训、精神和文化的品格已经融入我的血液，当中的每一个字都体现在我的一言一行、一举一动中，这也让我坚定自己作为一名高校辅导员的育人使命。

最后，我想要分享自己周记中的一段话：

我会记得崇礼的山，

我会记得这个冬天的雪，

我会记得那些可爱的笑脸，

奥运梦 志愿路 家国情

我会记得张家口颁奖广场见证的每一份荣光。
现在回到原本属于我的战场，
相同的是初心未改、热忱依旧，
不同的是目光坚毅、勇往直前！

王昕琦在张家口颁奖广场，领奖台上谷爱凌正在领奖

2022年3月19日，王昕琦在张家口颁奖广场总结大会留影

第一章　奥运梦
胸怀大局　自信开放

冬奥之约：
一场师生与祖国的双向奔赴

张　薇

燕山大学经济管理学院团委书记

说起奥运，我们有着不解之缘，2008年北京夏季奥运会，秦皇岛作为足球比赛赛区，让刚刚参加工作4年的我有了第一次直面奥运的契机。2019年12月，北京2022年冬奥会志愿者招募工作启动伊始，我就成为第一批报名参加的辅导员，能够参与服务冬奥是我一直以来的梦想。几经选拔与推荐，我顺利成为国家冬季两项中心赛事服务领域的一名主管，负责检票验票工作。

作为全程在户外工作的业务领域，除了面对前来观赛的观众，还要面对张家口零下30℃的风雪。国家冬季两项中心比赛时间多为下午或晚上，志愿者需要赛前三小时到岗，赛后两小时离岗，工作排班多为三班两轮转，常常一干就是一天。检票验票负责对观众门票的软检、队伍分流、队列管理，使用验票机验票并撕掉门票副券，引导观众离场。为保证工作零失误，看似简单的任务和动作，却需要无数次的点位踏勘、模拟演练，需要全程以高质量的精神面貌完成。初上岗时，学生因紧张偶有说不出话的尴尬场面，我就手把手带着学生练习服务话术，"注意表情、注意体态，来，微笑"，一遍一遍、一对一与学生模拟演练……

还记得 2 月 5 日我们服务的场馆迎来了第一个比赛日，观众入场前夕，我与学生一起紧张着、激动着，100 米、20 米、0 米……我不断在各个工作点位轮转，当学生们用活泼、热情的服务话语迎接检票大棚外出现的第一个观众身影时，我却悄悄地红了眼眶。北京冬奥会和冬残奥会期间，我带领学生在国家冬季两项中心检票验票 14 点位共计检票验票 9810 人次，观众堵塞滞留 0 次，我们认真周到服务每一位观众，严谨、细致完成每一项任务，场馆赛事服务评价全国第一。

检票验票工作岗位是赛事服务领域的守门员，每天我都带领学生早早来到场馆，风雪之日清除检票通道的积雪，整理被大风吹倒的铁马，每天一番操作下来，所有人都汗如雨下，汗湿的毛发又迅速结冰，形成一幅幅场馆志愿者的最美冰雪雕刻图。"观众您好，请您核对手中门票是否为本场馆本场次门票。""请您佩戴好口罩，保持一米间距，单人单排，雪天路滑，请注意脚下安全。"北京冬奥和冬残奥 24 个比赛日，我每天带领学生接待观众入场离场，这样的话语要重复上千遍，观众的观赛热情在我们的带领下被迅速点燃，"你们辛苦了，一定要注意保暖啊！""谢谢你们的辛苦付出！爱你们！"观众向我们比心，主动要求与大家合影，场馆内到处弥漫着和谐快乐的氛围！在提供志愿服务的过程中，我们也在感受着爱的流动和回馈，体验到助人自助、乐人乐己的无穷快乐！

作为一名工作 18 年的辅导员，永远走在学生身边已经成为内心的坚持与坚守。我们每天都在做凝聚力量、统一思想的工作。场馆各领域的志愿者来自不同学校和单位，团队凝聚尤为重要。在担任我校冬奥志愿者第二临时党支部书记以来，只要是非比赛日，我就组织党支部、团支部开展理论学习、团体辅导、团队提升，大家一起观看比赛，

第一章　奥运梦

胸怀大局　自信开放

从学习研讨"更快、更高、更强——更团结"的奥林匹克格言和"奉献、友爱、互助、进步"的志愿精神中，汲取应对困难的勇气和抵御挫折的能力。我们迅速组织成立起一支敢打硬仗、奋勇争先的青年先锋队队伍，搬运物资、户外执勤……"所有苦活累活，党员团员青年先锋先上"已成为工作惯例！就是这样一群燕大冬奥志愿者，每天都穿行在海拔1700米的崇礼山坳间，每天步行1500米的冰玉环，每天顶着星星来，伴着星星走，大部分服务岗位都在零下二三十度的户外，我们咬着牙坚持，顶着雪坚守，用一个个保障赛事、高效服务、不畏严寒、无私奉献的动人故事，化作星火洒满了整个冬奥赛场。

张薇（右一）在国家冬季两项中心检票验票口执勤工作照

在服务冬奥期间，我与学生和同事战友在雪都崇礼共同度过了难忘的虎年春节、元宵节、妇女节，我们一起包饺子、写春联、贴窗花，与61名志愿者共度生日、共享蛋糕，在大雪纷飞的时候一起在场馆堆各种形态各异的冰墩墩雪人，帮助墩墩和容融一起面向观众进行体育展示。我们在这里一起笑、一起哭、一起勇敢、一起骄傲，彼此打气、携手向前，演绎了很多温暖的瞬间，而这些记忆也将留在我们每一位服务过冬奥的志愿者心里，值得永久珍藏。

2008年，我是初入职场的"菜鸟"辅导员，与我的学生一同摸索和成长。2008年到2022年，我和学生一起享受着志愿服务的苦与甜，创办诚信小站、爱心超市漂流坊，推动逐梦青年义工服务行动。2022年，美轮美奂、精彩纷呈的北京冬奥会给全世界留下深刻印象，冬奥志愿者成为中国向世界展现的最亮丽的一张名片。

作为一片燃烧的雪花，我有幸在冬奥和冬残奥赛场感受生命力无穷的绽放。57天的停留，1368小时的坚守，每天两万步的丈量，每当走在返回驻地的路上，看着天空中的浩瀚繁星，都感受到信念和坚持的力量。2022年，虽然不能在家陪伴家人、不能侍奉父母膝下，说没有愧疚一定是假的。但这个春节能与学生守望相助、共同进退，能与观众双向互动、温暖连接，能与祖国同向同行，用微笑与奉献诠释自强团结的精神内核，充分展现一名赛事服务志愿者专业、真诚、热情的精神风貌，向世界传递更包容的中国风采，为北京冬奥和冬残奥盛会的顺利举办贡献自己的力量，我深感骄傲与自豪！

圆梦冬奥会，一起向未来。全体燕大人用心用情用智慧，充分诠释"厚德、博学、求是"的形象，让"奋斗基因、工匠精神、卓越品质、家国情怀"这16个字，成为燕大师生留给世界的隽永味道，念念不忘、长久回响。

张薇（一排右四）担任支部书记的燕山大学冬奥志愿者第二临时党支部合影

第一章　奥运梦
胸怀大局　自信开放

以青春之名 共赴冰雪之约

马　双

燕山大学文法学院辅导员

我很荣幸能够担任北京冬奥会闭幕式演员领队，这次经历让我拥有了一个难以忘怀的冰雪记忆。

作为一名"90后"辅导员，在参与本次冬奥会相关工作之前，我对奥运会的记忆还停留在2008年。当两千多年历史的奥林匹克运动与五千多年灿烂的中华文化结合在一起时，恢宏灿烂的场面给当时还在上初中的我埋下了奥运的种子。14年后，当听到冬奥会闭幕式演职人员团队需要带队老师的时候，我主动请缨，希望为冬奥会贡献自己的力量。

作为领队，我们从2021年11月开始就参与到排练当中，负责学生每日出勤、分发物资、处理突发事件等。2022年1月19日抵达北京以后，全体演职人员进入闭环管理。因北京疫情反复，为保证全体学生的安全和信息上报流程准确高效，我按照居住的不同酒店，迅速建立"酒店—小组—房间—个人"四级网格化管理，成立疫情防控专项小组，根据属地、训练场的疫情防控要求，每天组织全体学生进行北京健康宝、行程码以及核酸检测截图上报打卡，保证每天对全体学生进行两次体温检测,确保参与训练学生无发烧、腹泻等特殊情况。

安全是基石。为确保不落下一人,每日往返训练场前后,我们都要进行严格点名管理。随着训练强度的加大,我们的工作时间常常超过12小时,最少时只能睡四五个小时,晚上等所有同学都回到酒店后,我们才会返回房间休息。即使是这样,我和同事们依然带领同学们全程、全员坚持训练,只为在正式演出中呈现最完美的状态。此次来京演出的秦皇岛团队中有5个高校400余名演职人员,作为团队主要负责人,我每日与导演组、演员统筹组、疫情防控办、酒店、车辆联络处等多个部门沟通协调,帮忙解决不同学生的实际困难,努力做好中流击水的踏浪者,为安全护航。

进京训练期间,正值春节假期,很多同学都是第一次在外过年。为了给同学们一个难忘的春节,我和同事们策划了多个春节特别活动,手写福字、贴春联、给亲友录制新春祝福、抽取新春福签、举办线上春节联欢等等。虽然少了家人的陪伴,但是在大家的暖心设计下,同学们依然体会到浓浓的年味,也增强了团队的凝聚力。因为排练时间紧张,同学们在春节期间仅仅休息了3天就又回到了排练当中。元宵节当天排练结束较早,在返回属地的大巴车上,陆陆续续有同学开始给家里打视频电话,"妈妈,我们今天结束早","姥姥姥爷,元宵节快乐呀","爸爸,平时我们结束比较晚,排练期间也不能看手机,我很久没和你们视频啦","我们今天早饭还有元宵呢",没有一名同学抱怨排练辛苦,取而代之的是对正式演出的向往,以及向家人传递的祝福,这让我很受感动。有的同学在高强度的训练、严格的动作要求下,情绪产生了波动,我们几位老师努力做好"心理咨询师",关注排练情况和同学们的情绪变化,排练间隙走到同学中去,及时进

第一章　奥运梦

胸怀大局　自信开放

行排解疏导，并适时与导演组和演艺统筹工作人员沟通协调，在保质保量完成既定排练任务的同时，确保同学们身心得到充分休息。在生活中，我们留心学生的点滴，倾听同学们的心声，注重观察同学们的身体情况，及时为同学们送去暖宝宝等物资，努力做好可盐可甜的知心者，让他们感受到家庭般的温暖。

马双（二排右三）所在的燕山大学北京2022年冬奥会闭幕式展演团队领队教师在新春期间合影留念

　　冬奥会闭幕式是一个工程非常浩大的工作，每一个环节都需要细心、耐心和不断的沟通。每天工作的点滴让我看到了团队力量的强大，也让我明白只要大家心齐，就没有解决不了的问题。来到北京之后，我们演职人员受到了来自北京市大兴区、观音寺街道领导的热心关怀，在训练场内，演艺统筹工作人员也积极帮忙协调解决大家遇到的各种问题。秦皇岛市和学校领导也一直牵挂着演职人员，让大家感到非常温暖。本次学校派出的8位进京领队包括2名专业教师和6名来自5

个学院的一线辅导员，我们齐心协力，遇事共同商量，配合默契。虽然大家每天日均2万步，但并不觉得辛苦，每天脸上都洋溢着灿烂的笑容。我们也努力做好不负韶华的同行者，将乐观积极的心情传递给每一个同学。

如今的我们已经回到了自己本来的工作岗位，走在熟悉的校园里，我依然会想到在冬奥会的点点滴滴。"每一个冬天都想起，我们在一起"，冬奥虽已落幕，但梦想和拼搏的故事还未结束，未来，我们将会继续传递北京冬奥精神，凝聚青春力量，在各自的工作岗位上绽放最美的青春！

第一章 奥运梦

胸怀大局　自信开放

让世界看到新时代的中国青年

冯益为

燕山大学经济管理学院 2020 级硕士生

我是燕山大学的一名在读硕士研究生，也是刚刚结束的北京 2022 年冬奥会和冬残奥会中一名光荣的志愿者。

2022 年 4 月 8 日，我来到正值春天的北京。这里花开遍地，那场冰雪盛会的灿烂仿佛像一场梦。我还是穿着那身代表志愿者的"天霁蓝"制服，和当时 1.8 万名志愿者一同服务冬奥会时一样。但是这一次，我走出了赛场，走出了场馆，走出了张家口赛区，作为全国获得"北京冬奥会、冬残奥会突出贡献个人"殊荣的 8 名志愿者之一，到人民大会堂参加总结大会，并上台受奖。万人大礼堂的正中央是一幅巨大的国徽，红色中正，金色灿烂，挂在半空威严而有力量。我走到了主席台上，见到了习近平总书记，收到了党中央和国务院授予的红花和奖章，这是党和国家对我们志愿工作的一份认可。

与寒风做伴的冬奥回忆，是我生命里永恒的芬芳。从 2019 年开始，我与无数青年大学生一同经历了志愿者的层层选拔，努力完成各项学习任务与技能培训。在燕山大学服务冬奥前期的筹备工作中，我担任校团委学生兼职副书记，参与我校志愿者选拔、学习、出征、集中培训等工作。通过开展各项活动帮助学生们了解冰雪运动知识，不断加深对冬奥赛事的理解。作为一名学生党员，我也在志愿者培训中争当先锋，日复一日地进行体能训练，锻炼志愿服务技能，百折不挠地坚持到了最后。历经"相约北京"国际训练周的实战演练，熟悉场馆化管理的工作模式，我时刻思考工作如何再提升，服务如何更到位。北京冬奥会和冬残奥会赛时，我服务于国家冬季两项中心的志愿者业务领域，担任志愿者主管，全程坚守在疫情防控更紧张的闭环内，服务满全部24个比赛日，专业、高效上岗服务384个小时。

前国际奥委会主席雅克·罗格曾说过"奥林匹克运动会是运动员的盛会，也是志愿者的盛会"。志愿者是奥林匹克运动的重要组成部分，志愿者文化更是奥林匹克精神的重要组成部分。志愿者们将最美的微笑、最贴心的服务奉献给冬奥，成为冬奥赛场一道亮丽的风景线。而我的工作，就是服务好、管理好、宣传好我们场馆的近500名志愿者。我所服务的国家冬季两项中心承办冬奥会的冬季两项比赛，以及冬残奥会冬季两项和越野滑雪的全部比赛项目，在赛时共产生11枚冬奥会金牌和38枚冬残奥会金牌，是运行时间最长、产生金牌数量最多的场馆。这里赛事密集，工作强度大，工作环境充满挑战，除了与低温、寒风做伴，还要严格执行防疫规定，承受超过1700米的海拔，志愿者们必须在保护好自身的同时，提供高质量的服务。

我始终陪伴在志愿者们身边，为他们解决生活工作中遇到的困难，报送志愿服务岗位信息。我们在春节、元宵节、三八妇女节、学雷锋日等特殊的时间节点组织了20余场志愿者活动，在大家工作之余发放了万余份激励物资，为志愿者们送上暖暖温情，希望以此给大家的志愿服务工作提供源源动力。要管理好19个业务领域中将近500多名志

第一章 奥运梦
胸怀大局　自信开放

愿者并不轻松。志愿者们欢笑的时候,我们在忙碌;大家遇到困难的时候,我们要赶快冲上去。我们是服务志愿者的志愿者,只要有志愿者在,我们就风雪无阻,随叫随到,因为我深刻地明白:志愿者代表的是中国力量、中国形象,肩负的是国家责任!

冬奥会是伟大时代给予的历史机遇,更是迎接全世界目光、展示国家和民族阔步前行风采的盛大舞台,全方位、全景式呈现志愿者风貌,是志愿者宣传工作承担的重要使命。为了更好地记录、宣传志愿者的工作动态与精彩瞬间,我奔波在场馆每一个角落,按下了5000多次相机的快门,敲下数万字的文字材料,将志愿者的温暖故事和亮点工作推上电视、报刊、电台等各类媒体146次,央视、《人民日报》、新华社、《光明日报》、《北京日报》、《河北日报》等各大媒体都报道过我们场馆志愿者的事迹。我所拍摄的影像资料也先后被冬奥会和冬残奥会闭幕式志愿者致敬短片选中。闭幕式直播时,许多志愿者惊喜地看到自己工作的身影登上了屏幕,跑来和我道谢,谢谢我帮助他们也站上了鸟巢的舞台。看到因为我的努力,志愿者的服务点滴可以从张家口飞到北京,从场馆来到鸟巢,将这份温暖展示给全世界观众,我觉得再苦再累也是值得的。

因为这份工作,我让更多人看到了志愿工作中的细节,也见证了无数志愿者在赛场用笑容拥抱世界,用"天霁蓝"点亮中国名片。从我的镜头中回顾这段冰雪时光,我记录下了一个又一个珍贵而美好的瞬间。

冬奥会开幕后,"冰墩墩"憨态可掬的形象迅速走红,一时间"一墩难求",在媒体接待处工作的摄影助理志愿者韩哲彬开动脑筋,拿出画笔,在一个个口罩上画起了"墩墩",送给外国记者和摄影师们当作礼物，传递友好，受到全球媒体人的点赞，更有一位日本记者惊呼"Magic！"；来自乌克兰的运动员德拉·科诺诺娃刚刚获得残奥冬季两项女子中距离站姿比赛亚军，庆典仪式开始前，她因厚衣服放在了距离很远的打蜡房而冻得有些发抖，此时，仪式庆典领域志愿者郭晓美将自己的一件志愿者羽绒外套披在了她的肩头；体育领域志愿者王俊明帮助行动不便的中国残奥冠军刘梦涛固定雪板，整理仪表，扶正身上的小国旗，帮助他登上领奖台；负责通行管控工作的志愿者吕玉森长时间户外工作，面屏结满了冰霜，成了冬奥会闭幕式上让人感动的"蒙面人"……这一幕幕画面，都是我在张家口赛区70余天的冬奥历程中亲手拍摄记录下的，每一名志愿者，都用自己的亲身经历向世界讲述着关于冰雪与奉献的故事，每一段故事都闪耀着志愿者青春的底色。

全体志愿者团结一致，肩并肩在世界舞台绽放。我校233名演职人员登上北京冬奥会闭幕式的舞台，他们用86天、平均每天超过10小时的辛苦排练，展示了中国青年的良好形象。323名志愿者奔赴张家口赛区的国家冬季两项中心、古杨树场馆群、志愿者驻地、抵离工作协调办公室、媒体接待站，用6万多小时的志愿服务完美诠释了志愿精神。燕山大学冬奥服务团队来自全校各个学院，从老师到学生，从18岁到58岁，但服务冬奥的初心却精诚一致。每一位燕大冬奥人都是带着每一个家庭、每一个学院乃至我们国家和民族的殷切期望而来。我们用汗水凝结成冰霜，用灿烂的笑脸，展现了青春风采，也让世界看到了一个开放、自信、阳光的中国。

冬奥会志愿者是联结社会和冬奥会的桥梁，大大增加了国家之间的亲和度与凝聚力。2月8日，张家口赛区的训练和比赛如火如荼，我

第一章　奥运梦
胸怀大局　自信开放

日常外出工作，遇到了一名面色焦急的外国运动员。我主动和他沟通，得知这位外国运动员要从国家冬季两项中心赶往国家越野滑雪中心参加训练赛，而时间仅剩下不到20分钟。于是我立即与相关领域的工作人员联系，引导这位外国朋友乘上通勤公交车。当时时间特别紧张，特别担心这位外国运动员赶不上训练，但是看到他匆匆上车，还隔着车门给我竖了一个大拇指，我感到特别开心。之后，我多次帮助遇到困难的外国友人和残障人士，为许多着急赶路的外国运动员协调解决了通勤问题。每一次受到外国运动员的致谢和点赞，我都能感觉到自己的实际行动传递着友好、真诚的志愿火炬。通过此届北京冬奥会，我们向世界展现了中国志愿者的组织力和行动力，展现了中国传统文化和集体主义教育的优秀成果。

当我走进大会堂的万人大礼堂，抬起头，看到屋顶上纵横密排着数百盏灯，灯光齐明，就像满天星斗。顶部的中心挂着红宝石般的五星灯，灯的周围是70条瑰丽的光芒线和40瓣镏金的向日葵花瓣，象征着全国各族人民万众一心，紧密团结在中国共产党的周围。那一刻，我内心已然不仅激动，更有一份骄傲和自豪。在党的带领下，这么多人向着同一个目标努力，我们一同完成了非凡、精彩的一次冬奥盛会。表彰大会那天，我很幸运坐在1楼1区的1排1号座，可以正对着总书记，学习他提出的"胸怀大局、自信开放、迎难而上、追求卓越、共创未来"的北京冬奥精神。作为一名学生志愿者在人民大会堂领奖，我真真切切感受到，能在冬奥会上奉献一份青春力量，是我们当代青年的幸运，能在冬奥盛会奉献一份青春力量，也是我们中国青年的际遇。

习近平总书记说过："千百年来，青春的力量，青春的涌动，青春的创造，始终是推动中华民族勇毅前行、屹立于世界民族之林的磅磅力量。"我相信在任何一个时代，青年永不落幕，奋斗的故事也会一直继续。冬奥会虽然已经结束，但是我们将始终努力践行志愿精神，踔厉奋发，造炬成阳，与时代同频共振，与世界同向未来。

冯益为（一排左二）在人民大会堂举办的冬奥总结表彰大会现场

冯益为荣获北京冬奥会、冬残奥会突出贡献个人证书

第一章 奥运梦
胸怀大局　自信开放

我的三重冬奥身份

王少伟
燕山大学文法学院 2020 级硕士生

在北京 2022 年冬奥会、冬残奥会中,我有三重不同的身份:志愿者、观众和火炬手,我想从这三个不同的视角为大家讲述冬奥中的"我们"。

在所有的身份中,我最主要的身份就是一名特殊的志愿者——激励助理,我工作的特殊性在于服务对象并非运动员、观众等这些冬奥会的直接相关方,而是志愿者,并且我的工作不能够去场馆,只可以在志愿者驻地进行。简单来讲,我就是志愿者的大管家,是一名"服务志愿者的志愿者"。

作为一名激励助理,我主要负责燕山大学 142 名志愿者在驻地的疫情防控、餐饮协调、出行安排、物资发放等保障工作,同时负责每一名志愿者的生活起居、工作状态和心理健康的激励工作。通俗些讲,我的工作就是一名赛会的临时辅导员,这份工作似乎听上去比较轻松,但其实并不是这样,因为白天赛时期间,志愿者们都去比赛场馆岗位上工作,所以很多次,众多的保障物资几乎都是我一个人在驻地管理团队的帮助下搬运的。除此之外,我需要负责志愿者在驻地方方面面的工作,大到防疫管控和志愿者安全保障,小到和餐厅沟通调换菜品,我都在尽力把每一项工作做到细致、准确且及时。

在奥雪小镇驻地时，我们前往餐厅的道路经常被积雪覆盖，台阶上也都结起了冰，燕大志愿者们主动跟保洁人员借用扫把和雪铲，利用午餐休息间隙除冰扫雪；平日里，我们各个高校志愿者们在驻地调休时，物资的搬运发放都会互相帮助，大家都在用实际行动真正践行着"奉献、友爱、互助、进步"的志愿精神。印象比较深刻的是冬奥会开幕式当晚，此起彼伏的国歌声、中国队出场的欢呼声响彻整个志愿者驻地，这一个个瞬间处处透露着我们身为一名中国青年的自豪和担当，虽有疲惫，但这些瞬间和细节都让我感到何其有幸，生于热土！何其有幸，生逢盛世！

冬残奥会期间，一次机会让我有幸有了第二个身份：观众。我的工作是在驻地进行的，在张家口服务的56天里我仅仅出过驻地两次，这便是其中一次。若不是这一次机会，我也许整个赛会期间都见不到雪如意、冰玉环，甚至见不到我们学校的主责场馆——国家冬季两项中心。

刚抵达场馆一下车，我就见到了一张张熟悉的面孔，站在安检大棚外热情地招呼着观众们有序排队安检。走过安检大棚，随即就登上了"冰玉环"。冰玉环上每隔大约50米就有一名志愿者，一边提供指引，一边欢迎着大家的到来，每一位志愿者的脸上都是笑容洋溢，我能感受到大家发自内心地欢迎着每一位观众。我来的当天气温是零下17度，因为风大的缘故，实际体感温度还要比这再低很多，志愿者们就是在这样的温度下，一站就是一天，如此往复多天。重要的是，这些天里，他们每一天都带着饱满的热情向观众和来宾传递着温暖，也就是这一天的体验让我明白了，为什么大多数的志愿者回到驻地后只想在床上

第一章 奥运梦
胸怀大局　自信开放

躺着休息，因为他们把全部的精力和最好的一面展现在了冬奥的服务中。也是那一刻，我深深地感受到新时代的青年是有担当、有理想的青年，虽然我们每个人的工作都并非举足轻重，但是点点微光汇聚成灼灼光芒，我们每个人都在为一届"无与伦比"的冰雪盛会贡献着自己的力量。

我外出驻地的另一个机会就是参与北京冬奥会的火炬传递，这也就是我的第三个身份：张家口赛区第175棒火炬手。在得知自己成功当选火炬手后，我问了自己一个问题——为什么自己能够有这个机会，又是凭什么在冬奥会的赛场上举起火炬传递下去？细细想来，我想起2021年在参加河北省"青马培训"时，一位老师在开班仪式上讲过的一句话：你每一次的努力看似都并没有激起太大的浪花，但是每个人，每一次的努力加起来就可以成就一番事业。这与习近平总书记寄语青年"志存高远，脚踏实地，行循自然"的理念不谋而合，我其实就是把学习、工作中每一项都尽全力做到最好，我只不过是万千有理想、有信念的燕大青年的一个缩影，传递起这把火炬的不仅仅是我，更是屏幕前许许多多和我一样，致力于为中华民族伟大复兴而奋斗的新时代青年们。

冬奥会的火炬传递一共设置了11个点位，每一个点位都有其独特的主题，我所在的崇礼区富龙滑雪场点位主题是"激情冰雪"，这个点位设置体现了冬奥城市张家口冰雪文化的独特魅力，展现了群众性冰雪运动基础设施建设成果，也印证了"带动三亿人参与冰雪运动"的发展历程和巨大成果。在这个点位和我一同传递火炬的，有东京奥运会冠军庞伟，有中国滑雪史上第一个世界冠军郭丹丹，当然还有许多在各行各业十分优秀的"不平凡的普通人"，能和他们在一起传递奥运圣火，我感到无比的荣幸。

火炬传递整个流程安排得详细、简洁，从环节的清晰明了到疫情防控的严谨高效，再到仪式的安全精彩，每一个细节都让我深深为祖国能够发挥集中力量办大事的制度优势而自豪，也为我们能言而有信地如期举办一场"简约、安全、精彩"的冬奥盛会而感到骄傲！在这一场处处充满着活力气息的盛会中，新时代青年们贡献出了蓬勃的力量。青年兴则国家兴，青年强则国家强，选择大学生成为火炬手，也体现了我们党和国家对青年一代的重视，而我们要接过的不仅仅是象征着奥林匹克精神的火炬，也是建设祖国、建设中国特色社会主义的"火炬"，我们每一位新时代的青年们生逢其时，也应当不辱使命！

最后，我想说，冬奥盛会虽然已经结束，但是从盛会中获取的温暖和力量，将会激励着我们在接下来的学习生活中，以更加自信、乐观、积极的面貌迎接每一次挑战。让我们携手再出发，一起向未来！

第一章 奥运梦

胸怀大局 自信开放

王少伟（左一）作为河北省唯一大学生冬奥火炬手进行火炬传递

王少伟（前排左一）在志愿者驻地搬运物资

233 片小雪花的冬奥之舞

刘佳鑫 | 燕山大学艺术与设计学院 2020 级硕士生

结束北京冬奥会闭幕式演出工作已有数月之久，86 天的冬奥之行仍历历在目。我们燕大的 225 片小雪花和 8 位领队老师组成了北京冬奥会闭幕式演员人数最多的参演团队。为了加入这枚"大雪花"，全校 1000 多名师生积极响应，在经过三轮严格的面试和考察后，最终建立了这支 233 人的演职人员团队。而我们的冬奥故事，也正是从那时那个地方开始的。秦皇岛奥体中心是我们第一次集结的地方，也是我们冬奥梦的开始。

作为舞蹈专业的学生，我参与过许多大型演出活动，对每一个舞台、每一个作品精益求精，本就是我最习以为常的事情。但，那是冬奥啊！只要一想到我们将代表中国、代表燕大站上那个宏大壮观、美轮美奂的舞台，我就浑身充满力量。俗话说，"台上一分钟，台下十年功"，常在舞台"摸爬滚打"的我深知能够站上冬奥的舞台，并不是一件轻松简单的事情，尤其是如此盛大的演出场合，对演员的熟悉度、配合度要求一定非常高。还记得"小雪花"们第一次集结时，一位老师跟我们分享了她 2008 年作为奥运志愿者的经历，那是一段虽

第一章　奥运梦
胸怀大局　自信开放

然辛苦但却值得一生铭记的时光。但当时的我们并未真正的感同身受，想着能够参与国之大事，只顾着开心激动，满脑子想着，我们一定要做好，一定能做好，一定会做好！

挑战从我们第一天集结完毕便开始了。"小雪花"们被分成6组，演绎不同风格的6段舞蹈。我们一起见证着热场节目的从无到有，一起同甘、一起共苦。训练苦吗？累吗？每次训练，将近五六斤重的道具要举几百遍，姑娘们的手肘都变得红肿，甚至抬不起来捋一捋汗湿的头发；为了达到整齐划一的效果，无数次的重复动作让人变得机械麻木；练习高难度的托举动作时，"底座"同学的肩膀被踩破了又结痂、结痂了又踩破，很多人的膝盖从没有露出过正常的底色。排练期间正赶上同学们期末考试，很多同学在排练结束后，还要回到舞蹈房、画室、专教准备期末考试。凌晨三四点的路灯下，他们尽管疲惫，但却步履坚定。

寒冷是我们在冬奥之旅中遇见的另一个挑战。12月的秦皇岛奥体足球场，寒冷中带着一丝湿气，而我们在室外一练就是一天。可能我们的节目太有吸引力了，狂风、雨雪都对我们青睐有加，能在这个季节出现的恶劣天气都来看我们排练，一个都没落下。但是再冷的天，再大的雪也不能浇灭心中的热情。"小雪花"们抱成了团，温暖彼此、相携前行。大家在体力和耐力上不断突破，用执着、专业的心态勇敢面对各种挑战。在这寒风凛冽的艰难时段，学校为我们送来了暖贴、手套等排练"神器"，更有46名辅导员老师组成的后勤保障团队为我们保驾护航，衣食住行，事无巨细，让我们感受到身心的双重温暖，齐刷刷的装备更是让我们有了"一家人"的归属感。不辜负时光，不辜负自己，"小雪花"们用成果做出了最好的回答。当我们第一次为大家展示完整的舞蹈时，所有人热烈的掌声与尖叫让我觉得，一切的一切都是值得的。执着、专注、锲而不舍，突破、挑战、精益求精，我们互相拥抱、击掌欢呼，在那一瞬间，我的内心甚至想高喊一句，燕大人从来没输过谁！

2021年12月22日是一个令我印象特别深刻的日子，学校赵险峰书记、赵丁选校长和黄晟副书记带队慰问所有闭幕式演员，并观看了我们的训练成果展示。赵险峰书记亲切的叮嘱让我们更加明白，我们不是自己在战斗，我们的背后有最坚强的后盾，学校和老师的支持让我们更加有信心、有恒心、有决心。当天结束时，同学们激动地形成两排人墙，我们并没有提前彩排过这个场景，大家发自内心地凑在一起，激动地与书记校长击掌握手，这样有爱的画面也被记录了下来。

就这样，54天的高强度封闭训练后，带着嘱托，我们在2022年1月19日踏上了进京之路。临行前，领导和老师们在誓师大会上为我们加油鼓劲，"小雪花"们青春洋溢的笑脸上满是自信，这自信来自自己，更来自学校和家人强有力的支持。

我们的第一个目的地是北京芦城训练基地，距离进入梦寐以求的鸟巢又近了一步。芦城的排练需要我们与闭幕式其他的节目进行整合，人员调动繁杂，很多时候为了等待其他节目的彩排需要候场好几个小时，我原本担心，大家的节奏被打乱，很容易出现懈怠抱怨的情绪。但我的担心是多余的，同学们并没有因此闲逸下来，反而更加专注于舞蹈的质量，甚至主动利用休息和等待的时间磨炼动作，节目质量的提升大家有目共睹，最终我们用出色的表现赢得了领导和其他团队的肯定。

在芦城训练十天后，我们迎来了人生中最为特殊的春节。这是我

第一章　奥运梦

胸怀大局　自信开放

们第一次离家在外过春节，也是第一次跟老师、同学们一起过特别的冬奥年。除夕夜，舞蹈表演专业王子辰的妈妈，以一封特别的家书触动了"小雪花"

刘佳鑫在国家体育场鸟巢带妆彩排

们想家的心情。虽然身在异乡，不能回家，但心中有家，就是团圆。为了缓解同学们想家的心情，领队老师还贴心地为我们张贴春联，置办我们爱吃的"年货"，还特别为我们组织了一场小型联欢会，用抖音直播的形式连接"小雪花"们，被抽到的幸运儿为大家表演节目，并抽取春节的幸运大礼，惊喜多多，温暖多多。

但谁也没想到，一个犹如晴天霹雳的坏消息成了我们最特殊的"新年礼物"。导演通知，因为计划调整，我们投入了最多时间和精力、排练了将近两个月的热场节目，将不能出现在闭幕式的舞台上，这也意味着，之前所有的辛苦和期待在那一刻都变成了泡影。大家听到这个消息之后，先是震惊，后是失望，无论排练多么辛苦都不会哭的人，那一刻，眼泪不自觉地落下。我哭了，同学们都哭了，甚至老师们也哭了。我印象深刻的是领队老师哽咽着对我们说："没事，所有的调整都是为了更好的演出效果，我们从头再来。"看着他们红红的眼眶里坚定的目光,好像又有一团火苗重新在心里点燃。听从指挥,服从安排,遵守纪律,顾全大局,将所有精力投入到剩下的运动员入场式和尾声这两个环节,用心雕琢每一个动作,用汗水浇灌每一个片段。哪怕只有星火般微弱的光芒,也要绽放瞬间的精彩。

  2022年2月10日,那是我第一次进入鸟巢。我不禁感叹道,能在这里面看国旗升起,这辈子都值了。鸟巢的排练比我想象中的要更加辛苦。每天天没亮就从驻地出发,经过一个多小时的路程来到鸟巢。而全要素的排练则需要更长时间。时长的骤增使大家疲惫不堪,本以为后台休息区是充满欢乐的,实际上安静得掉根针都能听见,大部分同学早已累得趴在桌子上。一听到导演排练消息传来,又会唰的一下从凳子上弹起。大家可能会疑惑,"你们不是不能携带一切电子产品吗?那你们靠什么接收消息呢?"就是一个个小小的、不起眼的耳返,里面却传送着最重要的消息,当你带上耳返后,常常出现这么一幅有趣的场景:外面无论多么风平浪静,井然有序,耳返里传来的永远是导演们激动又紧张的话音。而225个耳返的使用,是领队老师们每天一一清点、一一分发保证的。每天,他们在鸟巢长长的通道内步行十几分钟,至少往返四次。我们经常会看到领队老师带着几大包沉甸甸的电池、耳返和对讲机的蹒跚身影。

  距离正式演出的日子越来越近,我们的演员证也换了一版又一版,按照"精益求精,万无一失"的要求,我们的排练内容也随着训练的深入在不断修改,调整的频率与幅度也越来越大,在大大小小调整了10余次后,最终,我们如愿站在北京鸟巢的舞台上。闭幕式开场,225名身着彩衣的燕大青年舞者,随着轻快的节拍,舞动双手,欢迎中华人民共和国主席习近平和国际奥委会主席托马斯·巴赫入场。巨

第一章　奥运梦

胸怀大局　自信开放

在秦皇岛市奥体中心排练场进行紧张的训练

大的中国结中穿梭着我们熟悉的身影，来自燕大的彩色舞者组成了一道欢乐人墙，与每个运动员挥手打招呼、随节拍不停跳动。不知道大家还记不记得一个很有趣的插曲。电视直播中，运动员们都沉浸在"接着奏乐接着舞"的快乐中迟迟不肯离场，主持人康辉不得不连播三遍"请运动员落座观礼"，"小雪花"们不得不机智应变，因为原本计划600多名运动员参加，结果来了2000多人，可见各国运动员们太喜欢这届冬奥会了，都舍不得那么快回家。最后的尾声环节，冬奥圣火在歌声中缓缓熄灭，朵朵洁白的雪花逐渐绽放出金色光芒，七彩舞者们用当代大学生的青春热情感染现场与电视机前的每一位观众，在电视转播结束后我们也还在一直舞蹈，即便双手快要没有力气挥动，口腔里也像是充斥着一股血腥味儿，也坚持欢送每一位观众出场。闭幕式结束的那天晚上，总导演张艺谋先生也对我们的表现给予高度评价。我们用完美的表现向自己、向学校、向中国、向世界交上了一份漂亮的答卷。

犹记得大家在后台围着窗外转播屏幕一起看国旗升起，一起唱响国歌，一起看中国队运动员们入场的动人场景，这就是我们的家国情怀。时光如梭，86天转瞬即逝，这段岁月无怨、无悔，只剩欣喜与感动。我们用毫无保留的舞蹈呈现诠释了别样的工匠精神。8名领队老师全程跟训，与我们同吃同住，一起克服困难、迎接挑战，一路点滴陪伴，温暖同行。225名演员在最好的冬奥舞台上，让汗水与泪水都化作手中的光，点亮自己，更照亮他人。何其有幸，我们233片"小雪花"们能够为这个举世瞩目的冬天奉献着自己的一点点美好。冬奥虽已落幕，但我们一直在路上。

第一章 奥运梦

胸怀大局 自信开放

有爱 无碍

赵丽晓

燕山大学信息科学与工程学院 2020 级硕士生

相信所有志愿者在参与志愿服务时，都是因为心中那一份爱与热情。奉献，是爱；友好，是爱；关注，也是爱。很幸运，在冬奥会和冬残奥会期间我都服务于国家冬季两项中心的残奥整合领域。其实，残奥会的关注度远远不如冬奥会，所以我很荣幸能够通过我的经历，让大家更多地了解残奥会背后的故事，关注残障群体。因为有爱，所以"无碍"。

提起残奥整合，大家可能会想到和残奥有关，但整合可能并不容易理解。我所在的国家冬季两项中心是古杨树场馆群唯一开展残奥赛事的场馆，也是北京冬残奥会产生金牌数最多的场馆。场馆共有几十个业务领域，每个业务领域具备不同的职能，就好像公司里的各个部门一样，而我们要做的整合，就是黏合剂，围绕残奥将职能不同的各个领域联结起来。我们是设计师、督察员、记录者，甚至是建筑工，但更是志愿者。

服务于残奥整合，让我有了太多太多的"意想不到"。

我从来没有想过，原来为了满足特殊需求，场馆做出了这么多的努力。早在场馆建设之初，就将无障碍设计的理念融入其中，各利益相关方的无障碍流线在很早的时候，就经过了专业人士的规划。刚到场馆的时候，我耳朵里听到的是"无障碍流线""OB 图""利益相关方"，脑子里却满满全是疑惑，所以，我和搭档下了很大的功夫去学习无障碍和场馆相关的知识，也逐渐知道了观众、运动员、媒体、贵宾等群体来到场馆要去哪里、怎么走。

我从来没有想过，原来无障碍服务设施有这么多学问。无障碍卫生间的回旋直径要大于 1.5 米、容膝空间要大于 70 厘米、无障碍坡道的坡度不能超过 15°！如果不是服务残奥整合，我也不会知道，原来无障碍设施并不只是为残障人士提供的！提起无障碍，很多人心目中第一个想到的就是无障碍坡道。但其实无障碍是 1974 年联合国组织提出的设计新主张，旨在通过去除环境障碍，来营造一个充满关怀、切实保障人类安全、方便、舒适的现代生活环境。任何一个行动不便的人都可能会用到，比如我们平常搬运重物或者意外受伤的时候，再比如年长不宜久行的时候。这就好像我的标题：有爱，无碍。

我从来没有想过，原来残奥整合并不是只有在残奥才有工作，原来场馆从冬奥到残奥的转换，也不是只集中在中间的 14 天转换期完成，这些转换早在冬奥之前就开始进行筹备，并逐步推进。对于这样一场举世瞩目的国际性赛事，有无数冬奥人为了"两个奥运，同样精彩"在默默努力。

就拿我们领域举例子。赛时，我们珍惜一切发现问题的机会。而在比赛的间隙，我们又会利用一切时间抓紧筹备转换期的准备工作。给我印象最深刻的，是一个足足有 107 页的表格。这是国家冬季两项中心冬奥与冬残奥转换期的全部运行计划，它也可以被称为是整个场

第一章 奥运梦
胸怀大局 自信开放

馆残奥运行的"地基",包含着各领域提出的工作区域、工作内容、配合领域以及完成任务的各种需求,比如通行权限、施工材料、人员需求等等信息。现在提起它,我满满都是成就感,因为这个107页的表格,是我从头到尾、一条一条挨个核查比对并整理出来的。毫不夸张地说,如果没有这个107页的表格,就无法知道场馆各个领域,每天的什么时间都需要完成什么工作,而在参与冬奥之前,我从没想过我一个信息专业的研究生,竟然能够如此深度参与奥运组织工作。

我从来没有想过,冬奥会的场馆会那么大。和印象中北京赛区的室内场馆不同,雪上项目场馆就一个字,大!坐了40分钟班车到场馆,还要再走1500米;从场馆这头到场馆那头,步行需要1000多步。每一天,我们都奔波在场馆的各处进行流线观测,发现、反馈、跟进解决了比如坡道清障、路面湿滑、角度检测、人流交叉等100多项细节调整,并协助场馆接受国际残奥委会的考察和场馆认证。那时候,国际残奥委会给出的建议清单就像是"五年高考三年模拟",我们像宝贝一样捧着去核对、整改,甚至有时候为了尽早完成修整工作,我们也会给工人搭把手,当时,在场的两位经理和我搭档还一致认为,我应该改"土木工程专业"。

我也从来没有想过,原来视力障碍运动员也能越野滑雪,也能射击。视障运动员使用的电子步枪会在瞄准时发出提示音,运动员需要听声辨位来触发扳机;滑雪过程中,每位视障运动员可以配备一名视力正常的领滑员,依靠他们通过特定方式发出的信号,在十几公里的越野赛道上飞驰。

我从来没有想过,原来推轮椅不仅是"技术活",更是"体力活"。我们一致认为,从落客点到场馆1500米的距离,平均"油耗"三个志愿者。80 岁高龄的王树珍奶奶，是张家口赛区服务的，最年长的观众。面对 1.5 公里全上坡的步行流线，场馆群和场馆第一时间启动了移动助行方案，志愿者刘彦昌携带轮椅前往迎接，推行她从雪如意开始一路向前，并沿途为她介绍了雪如意、冰玉环和即将举办的接力比赛的情况。王奶奶的家人说，奶奶一直心心念念地想来看比赛，没想到能收到这么体贴到位的服务。她说，"对于你们是工作，对于得到帮助的人来说，就是雪中送炭"。

我从来没有想过，参与冬奥会带给我这么多知识、这么多技能、这么多自豪、这么多感动。杨旭老师是张家口赛区唯一一位使用轮椅的志愿者，我每次见到他的时候，都觉得他热情洋溢、乐观豁达，他的四周就像闪闪发着光芒一样。早在赛前，杨旭老师就义务担任了场馆无障碍设施"体验官"的工作，很多环节都是他配合我们测试过的，他用自己最真实的感受帮助场馆进行了无障碍设施的完善。而杨广辉老师在得知杨旭老师无法乘坐志愿者大巴通勤之后，主动承担了用自己的小车接送杨旭老师和轮椅上下班的工作，连续两个月每天往返 100 多公里。有爱服务、无碍社会，许许多多燕大冬奥人用自己诚挚的爱，将温暖送到了每一位需要的人心坎儿里。

可能我们的工作效果无法具体量化，但只要有一位观众，因为我们的调整建议多露出一个笑脸；只要有一个领域，因为我们的梳理，工作可以更加井然有序；只要有一位运动员，因为我们多出的一句提醒，可以避免"非战斗性减员"，那么一切就都是值得的。也正是因为如此，我对建设场馆"一砖一瓦"的怀念和回忆，是我非常珍贵的回忆和财富，而场馆也见证着每一位燕大冬奥人的付出，承载着燕大冬奥人的心血。

在我眼中，燕大人是脚踏实地的，是互助友爱的，是持之以恒的，

第一章 奥运梦
胸怀大局 自信开放

是百折不挠的。在这次冬奥之旅中，我最大的收获就是，原来我们的这些能量、这些品质是可以给社会带来更多贡献、给民众带来更多温暖、给国家带来更多希望的。我们用日日夜夜的坚守，让自己成为岗位上"坚实的雪花"，完成了"志愿青春，冬奥有我"的承诺。"如果梦想有颜色，那一定是中国红；如果冬奥有光芒，我想骄傲地说，那一定有燕大志愿蓝！"

赵丽晓（左一）为运动员指引安全通畅道路

奥运梦 志愿路 家国情

当中国红遇见冰雪白

王佳辉
燕山大学文法学院 2019 级本科生

　　我和冬奥的结缘，缘于国旗。在燕大，我是学校国旗护卫队的一员，是离国旗最近的人；在冬奥，我却是离国旗最远的一群人，但无论何时何地，当看到国旗冉冉升起，那种由衷的自豪和骄傲都难以言表。

　　从燕山大学国旗护卫队的一员到北京 2022 年冬奥会、冬残奥会的一名志愿者，我经历了很多，也看到了很多。故事开始于 2020 年 4 月份的一则消息，我的训练员发了一个冬奥会和冬残奥会志愿者的报名通知链接，初入大学半年的我，对一切新鲜的事物充满着好奇，更别说能够参与这样一场国际赛事志愿服务活动了，便抱着试一试的态度填写了报名表，加入了群聊，等待后续通知，可是这一等好像等了一个世纪那样漫长，以致我渐渐快要忘却了这件事情。

　　有一天，指导老师突然找到我，特别激动地说："佳辉，我们有好事。"之后给我看了一张聊天记录的截图，上面写着要从燕山大学国旗护卫队里挑选典礼组成员，负责冬残奥会的升旗任务。我看到后心脏急跳，怎么也控制不住激动。经过一系列的体测和面试等环节，我们很快挑选了一批身体素质好、队列素质过硬的成员组成典礼组，

第一章　奥运梦
胸怀大局　自信开放

时刻待命准备着。但是，现实有时候总会和我们开各种各样的玩笑。在我们做完许多准备工作之后，还在时不时想象去残奥会训练和升旗的美好的时候，一则"被取消"的消息让我们所有的憧憬全都破灭了。说实话，不难过是假的，但是仔细一想，能去冬奥会执行志愿服务任务，无论在什么岗位，能够贡献自己的一份力量，那都是光荣的，于是我做好每名国护队员的思想工作，开始了新的岗位之旅。

难以忘记志愿者们一起在校团委办公室204室剪辑视频、在105室设计谈论志愿者之家方案的通宵经历，当看到自己剪辑的一个个片段组成一段完整的视频登上冬奥组委官网，看着自己参与设计的志愿者之家出现在场馆被大家夸赞的时候，一切都是值得的。付出终有回报，当收到录取邮件的那一刻，所有付出皆化为热爱。

清澈的爱，只为中国。当我第一次到达张家口颁奖广场，看到仪仗兵一遍又一遍练习扬旗动作的时候，我在脑补：如果当时我们没有被取消，现在那个会不会是我啊。当仪仗兵肩扛国旗走出来的时候，那一刻，我静默了，那一刻，我无比心安，甚至有点儿不知所措。当五星红旗冉冉升起的时候，天空开始飘下一片片小雪花，冰雪白与中国红就这样相遇了。在场所有人肃立唱起国歌，这真是我见过最浪漫的场景。

在我们国旗护卫队里，有这样一句话——"让青春在奉献中闪光，让热血在国旗下沸腾"，这是我们的队训，也是每一名国护成员的行为准则。何其有幸，在颁奖广场一别之后，能在冬奥会和冬残奥会的赛场上有机会和三军仪仗队成员交流，带着对五星红旗的敬意和热爱奔赴赛场，一起完成我们不同的任务，也让我有机会向他们学习更标准、更规范的升旗流程。他们看过我们的训练视频和照片之后，止不住地说：

王佳辉（左四）与冬奥仪仗队进行交流合影留念

真的很不错！一周四次的训练，每日的常规升降旗任务，一年 300 余小时的训练时长，磨坏的一双双胶鞋，彰显了我们国护队员对祖国、对国旗的热爱。我们始终在用最高标准严格要求自己，也让更多的人看到了我们骨子里的家国情怀与无私奉献。

微光成炬，向光而行。当看到一名名口罩上贴着小国旗的观众在零下十几度的寒冷条件下来观看比赛时，我颇受感动，其中令我印象最为深刻的是张家口市残联的一名行动不便的观众，在送他退场的时候，他说："我已经 70 了，可能到不了几次奥运会的现场了，但这是在咱家门口举办的大事，必须得来，这办的是真精彩，真好看。"从老人的话语间，我能感受出来作为张家口人的热情，也能看出来老人对冬奥会和冬残奥会的关注与自豪。看到观众在运动员经过时，

第一章 奥运梦
胸怀大局　自信开放

一齐站起来挥动手中的小旗子大喊"运动员加油""欢迎来中国，Welcome to China"，我的内心都热血澎湃，在五星红旗下成长起来的每一名中国人都如此昂扬自信、开放包容，我们在白雪皑皑的天地之中，将温暖带给了世界。

2022年3月13日晚，我的冬奥会和冬残奥会志愿服务工作结束了，但是我的志愿服务历程还没有结束，那一面鲜艳的五星红旗仍将指引我向未来继续走去，我也会继续带着志愿服务的热情和熔铸在骨子里燕大学子的担当一路走下去。

小雪花背后的精彩

高圣寒
燕山大学文法学院辅导员

冬奥会闭幕式已经结束了三个多月，回想起我的冬奥之旅依然觉得如梦似幻。

在我看来，冬奥经历的珍贵不仅仅在于北京冬奥会本身的光环，也不仅仅是在鸟巢表演或者被电视转播的那一刻能被全世界看到。冬奥结束后，繁华褪去，比起那些荣耀，曾经付出过的汗水与流过的泪水，现在看来却是弥足珍贵，成为我们难忘的记忆并给予我们力量。因为北京冬奥会这一场世界盛会，我们233名燕大北京冬奥会演职人员相聚在一处，为着同一件事情拼搏努力，一起收获和成长。

成为冬奥人的第一天，我们收到首要的任务也是最严格的命令就是保密，这一项任务一直持续到我们站到冬奥闭幕式的舞台。冬奥会闭幕式演职人员，多么光荣又值得炫耀的身份啊，但我们不能向其他人随意透露。同样因为保密要求，在训练中很多美好的瞬间我们不能用影像记录，很多惊喜与感动我们都不能马上分享给自己的家人朋友，只能存于心底等待着最后的亮相，想着以后再得意地讲出幕后的故事。今天，我想借着这个机会，把我们86天的幕后故事讲给你们听。

第一章　奥运梦
胸怀大局　自信开放

2021年11月26日晚上，秦皇岛北京冬奥会闭幕式展演团队正式集结，在秦皇岛奥体中心与导演组见面。我们燕山大学233名师生演职人员占了秦皇岛展演团队的一大半，同时也是北京冬奥会闭幕式参演人数最多的一个高校。听段书记讲述2008年奥运会当志愿者的经历，看到和我一样满怀希望憧憬着2022年北京冬奥会闭幕式的学生们，我知道我们将迎来一场注定辛苦也定会惊喜的旅程。这一天，我们因冬奥会相遇，一起向未来。时间紧迫，第一个晚上，兴奋和激动的心情还来不及平复，训练就已经开始。秦皇岛展演团队被分为六个小组共同承担闭幕式热场环节，这边我们领队老师还在讨论工作内容，另一边学生们已经开始迅速上手学起了动作。

最初并不是每个学生都能上场。有一些学生作为替补，他们跟着其他同学一起学习动作并参加训练，同时也因为没有自己固定的位置，要比其他同学记住更多点位动作。作为替补，除了同样承受辛苦的训练之外，还需要有更加坚韧的心理。六个小组进行合练时，替补们往往一整天陪在训练场却不能上场参与彩排。站在一旁的他们像一群被抛弃的孩子无所适从也无所事事。也不是没有人想要放弃，也不是没有人真的就此放弃，但更多的孩子选择了坚持。他们或是自己默默练习，或是互相学习不同小组的动作，期待着学得更好更多就能把握住上场的机会。他们的动作也许不是最标准、最好看的，但他们训练的身影所展现的奥运精神却给了我更多的感动与力量。

冬奥之旅，让我们233名师生结下更加深厚的情谊：我们一起抵抗严寒与训练的辛苦，往返的大巴是我们补觉的摇篮；在北京同吃同住，一起度过没能与家人团聚的春节；我们共同见证了北京的大雪，看到了雪落在鸟巢冰屏上的美景；我们也曾做着同一个美梦，也一起经历了梦破碎的时刻……我的学生田晓曼有一段单独站在前排 C 位和歌手互动的表演。每次彩排到那个环节，我都要仔细观看，每一次都激动到鼻头酸涩，仿佛她已经站在了世界中心。因为保密要求，我不能拍照，也不能向其他朋友透露这段表演。激动之时，我只能不断地想象，到了正式演出那天我要如何提醒我的家人朋友关注到那几秒，然后自豪地告诉他们，那个笑容灿烂向世界比心的女孩是我的学生——这似乎比我自己站在舞台上还要荣耀。只可惜，有些荣耀并不能真正实现。还没有等到进入鸟巢，我们就被告知热场环节取消了。我们最终也没能看到排练了两个多月的热场在鸟巢冰屏上绽放的样子。看到学生们委屈、难过的样子，我们心里也不好受，却只能故作坚强地告诉他们一切以大局为重。那一天我在朋友圈写下："太阳会照常升起，这一切也都不是梦，你们的付出，你们的成长，我们都一起见证着！那一幕幕的精彩，曾让我感动，也必将让我们铭记。"虽然不能将热场展现在世人面前，但它依旧是我们团队心中最美好的一段记忆。

即使被告知热场取消，可没有一个学生真正放弃过热场表演。被取消热场环节后，大部分学生剩下的表演就是不会被转播的尾声环节了。可惜为了整体效果和配合，尾声的表演也不断地被调整，甚至在后面时间紧张时，尾声环节往往不能完整彩排。失落是肯定的，但不能因为失落就自暴自弃，让这两个多月的辛苦付之东流。我很庆幸学生们依旧以饱满的精神状态对待每一次彩排。闭幕式那天的表演，是我们自进驻鸟巢训练以来，唯一将尾声三首歌完整表演的一次。很多学生在后面自由发挥阶段跳起了热场中的动作。以前跳舞是为了被看到，而这一次是为两个多月来的汗水，为两个多月来的信念，他们这群小雪花真正地释放、燃烧起来，也"点燃"了全场观众！

第一章　奥运梦
胸怀大局　自信开放

  我们的热场没能展示在世人面前，我们的尾声在电视中只有短短几秒钟镜头，但我们知道有些精彩不在结果而在过程。周国平说："寻求生命的意义，所贵者不在意义本身，而在寻求，意义就寓于寻求的过程之中。"我们参与且努力过，遗憾却无悔。但行前路，无问西东。

高圣寒（左五）在冬奥会闭幕式最后一次彩排后
与学校其他领队教师合影

参与奥运盛会 感受时代脉搏

刘嘉璐

燕山大学建筑工程与力学学院 2018 级本科生

冬奥赛会的管理如同一个生命的有机体，而每一名运动员，每一位志愿者都在这个躯体里运作，大家各司其职，共同成为冬奥赛会乐曲中跳动的音符。

起初，我的岗位是赛事服务助理，工作区域在闭环外。后来接到通知，闭环内的部分岗位需要调入几名赛事服务领域志愿者。我之前就了解到在闭环内的志愿者接触外国运动员和官员的机会较多，但也增加了疫情防控的风险和压力。这让本想和国际友人接触交流的我犹豫不决。但我想到：惟其艰难，才更显勇毅；惟其笃行，才弥足珍贵。我低头看到胸前的党徽在朝阳下闪烁着光芒，想到在这新形势新任务下，党员就该临危不惧、迎难而上，这个时候正是组织有需要的时候。我果断接下了这个任务，调整到闭环内，开始我的新岗位、新故事：接受国家冬季两项中心场馆秘书长的指导，并完成场馆运行的各项公差勤务。我的注册卡也从最初的公共区白区卡上，加上了一张又一张的升级卡，工作的地方也逐渐走向最前线。

调到国家冬季两项中心场馆运行中心工作后，从 1 月 27 日到达场

第一章 奥运梦
胸怀大局 自信开放

馆，到 3 月 14 日工作结束，我只有中间的转换期休整了 3 天，其余时间都每日到岗，每天工作时间达 8 小时。

冬奥会和冬残奥会赛事运行期间，我负责完成《国家冬季两项中心每日运行计划时间表》，并与 28 个业务领域进行对接，每天收集、整合各领域多达 200 余项运行计划。

一天晚上，我突然接到通知，由于天气原因，第二天的赛事日程需要进行变更。我迅速做出反应，协调各领域更改运行计划，然后汇总整合。等所有工作完成，场馆已经被黑夜包裹得严严实实，仅有几盏路灯和最后一班回到驻地的大巴与我做伴。幸亏等车点的交管员上前询问情况，及时联系交通指挥部询问班车的路线进程，并在寒风中一直陪伴我直到班车抵达。

两个等车人，等待的不只是驶来的班车，等待的也是寒风冰雪中温暖的抵达。这件事让我感觉到自己作为服务冬奥会的志愿者，其实在更多时候也是被服务的对象，我也下定决心，一定要当好一颗螺丝钉，努力担好自己的责任，传递好一份温暖一份热。

跟随国家冬季两项中心秘书长进行场馆运行工作期间，我的专业技能也派上了用场。由于建筑设计专业技能扎实，擅长使用电脑绘图软件，我担任起了场馆运行中心的"美工"一职。

防疫重于泰山，尤其是冬奥期间，场馆内人流密集，疫情防控形势也变得尤为严峻。因为防控需要，场馆内划分为严格的注册验证分区。但在测试演练期间，还是发现验证分区通行控制工作的具体开展和具体的人员流线还不够明确，需要根据实际情况进行更具体、更详细的调整。因此，我发挥专业特长，多次随冬季两项中心场馆秘书长和场馆通信中心副经理进行场馆实地调研，在建筑图纸上标记记录现场情况，根据实际情况设计并制作安置验证点位标识，以便通行控制的志愿者能够更加顺利高效的工作。

通过与国家冬季两项中心公共卫生团队对接，我研读疫情流线控制方案，发现人员种类多，流线也多，而且需要很多跨越多层的垂直流线，仅用文字和平面图纸很难清楚、直观地表现出来。于是我发挥自己的建筑流线绘制技能，绘制了更加直观的国家冬季两项中心技术楼内人员立体流线图，帮助技术楼内各类使用人员更加清楚地了解自己的行动流线，做到严格遵守防疫流线规定。

随着工作经验的不断积累，通行验证工作成效日渐完善，由于有了冬奥会的工作经验和安置的各个验证点位，冬残奥会时期的通行验证工作明显更加系统、更加井井有条，场馆各类人群均已明晰各自流线并做到按既定流线通行，场馆每日运行日渐规范、清晰与安全。

在距离竞赛结束还有两天的时候，我接到了我的最后一项任务：留存国家冬季两项中心场馆的影像资料，包括景观设计、标识设计、无障碍设计等，以便提供给国际奥组委作为下一届奥运场馆设计的参考素材。最后的两天，我的足迹遍布了国家冬季两项中心场馆的每一寸土地，留下了影像资料达 600 余张。冬奥谢幕的前晚，我翻看着这些宝贵的影像，愈感动容。一张张照片都是珍贵的回忆，一双双脚印都是梦的轨迹，冬奥梦是我个人的梦，是运动健儿们的梦，更是世界人民翘首以盼，共享冰雪盛会的梦，而我何等有幸成为梦的见证者。

2022 年 1 月 24 日，我怀着期待与些许紧张来到白雪皑皑的崇礼，2022 年 3 月 14 日，我最后一天在国家冬季两项中心进行收尾总结工作，伴着一场春雨与这里告别，与和我共同奋斗，并肩同行的同伴们告别。

北京冬奥会和冬残奥会谢幕了，这里承载着无数的荣耀和故事，

第一章　奥运梦
胸怀大局　自信开放

让我愈发感到祖国的强大，感到大国的担当！疫情当下，在中国共产党的坚强领导下，中国兑现了承诺，如期向世界呈现了一届"简约、安全、精彩"的奥运盛会，向世界展示出了中国的力量。

作为中国的青年一代，我们要带着信心和决心，继续为建设中国特色社会主义伟大事业奋斗不息，为铸牢中华民族共同体意识贡献力量，为实现中华民族伟大复兴踔厉奋发、笃行不怠，和祖国一起向未来！

刘嘉璐维护场馆疫情防控流线指示标识

办奥防疫 精彩安全

张伟萍

燕山大学电气工程学院 2020 级本科生

从雪花形状的引导牌到雪花火炬台，浪漫纯洁的雪花形象深入人心。北京 2022 年冬奥会、冬残奥会也在一片好评声中相继落下帷幕。"中国式浪漫"火遍全网，赛事收视率创历史新高，三亿人参与到冰雪运动当中去，吉祥物"冰墩墩""雪容融"成为"顶流"，国际奥委会主席巴赫在北京冬奥会闭幕式致辞中多次使用字正腔圆的中文表达感谢，外国运动员对中国的礼遇赞不绝口，在冬奥村学习各种中国传统文化和过年习俗……我们在感叹这些成就的同时，另一件同样值得骄傲的事情是，在两场精彩的奥运盛会背后，中国实施了安全有效、让全世界赞叹的防疫措施，保障了两场盛会的顺利举行。

习近平总书记在会见国际奥委会主席巴赫时指出，这是新冠肺炎疫情发生以来首次如期举办的全球综合性体育盛会，是对"更快、更高、更强——更团结"奥林匹克新格言的成功实践。国家体育场公共卫生团队将办赛的防疫安全总结为"有实力""有组织""有方案""有指导""有防范""有督查""有处置""有效果"的"八有"原则，为北京冬奥会和冬残奥会的顺利开展保驾护航。北京冬奥会和冬残奥

第一章 奥运梦
胸怀大局　自信开放

会严格执行《防疫手册》，采取严格的闭环管理政策，闭环内外独立运行，"双轨并行"，完全无接触。办奥期间，闭环内各大场馆入口、运动员通道、电梯间、媒体工作间、餐厅等随处可见感应式消毒装置，随时伸手即可瞬间完成手部消毒。同时，专业消杀工作人员定期对场馆各个角落开展环境样本采集和消杀。

不仅如此，测温精度可达0.05摄氏度的腋下创可贴，提供地面清扫、垃圾转运、空气消毒、物资配送等服务的防疫机器人，全天24小时无休的餐饮机器人，病毒检测灵敏度是常规方法10倍的气溶胶检测系统等多种防疫黑科技炫彩夺目，最大限度地避免了人员的接触，切断了可能出现的病原体传播。

而我作为一名"守好国门第一站"的抵离志愿者，也为这份踏实和幸福贡献了自己小小的力量。工作中，我的任务是往返于北京和张家口之间，在抵离入境涉奥人员大巴车上开展服务，录入外宾的身份信息以及酒店入住情况等信息，指导外宾进入其预订的酒店，事虽小，但却是不可或缺的一环。

抵离志愿者所在的驻地被形象地称为"环内的环内"，限于疫情防控的要求，不像其他领域的志愿者一样有各种热闹的活动，绝大多数空闲时间我们都只能独自待在自己的房间里，但是大家的团队凝聚力并没有因此降低。每当我出任务回来时，总会有贴心的小伙伴们已经把我的饭放到了房间门口。一起出任务的人也会互相照应、互相帮助。

抵离服务团队的领导深入志愿者以及司机等工作人员的内部，聆听我们的声音，及时为我们解决工作和生活中遇到的问题。印象最深的一次，我跟其中一位领导反映问题，过了三四天都没有得到回应，就以为他忘记了，也没有再问。但是后来突然有一天，他又在群里说了我所反映的问题，并且为大家解决问题，当时我的内心止不住地激动。酒店的工作人员热情、周到的服务让我感觉宾至如归。他们每次都认真、仔细地帮忙打扫卫生，主动更换床单、毛巾等用品，对房间进行严格的消杀。

  一次次温暖的瞬间，加上我乐观、坚韧的性格，给了我克服困难的极大勇气。有的时候出任务遇上太阳高照，在闷热的防护服里全程都在出汗，我苦中作乐，告诉自己正在享受免费的蒸桑拿。高峰期的时候连续几天出任务，甚至有的时候晚上十二点多回到驻地，第二天早上五点继续出任务，但是想到抵离服务团队这个虽然不大却温暖的家庭时，就觉得一切都是值得的。

  有幸服务于北京2022年冬奥会和冬残奥会，欣赏了一场场张家口特有的浪漫雪景，也和消毒水、防护服结下了深厚的友谊。

张伟萍穿好防护装备在车外联系等待外宾

第一章 奥运梦
胸怀大局　自信开放

76天的经历我毕生难忘,学到了很多,收获了很多。正如张艺谋导演所说:"冬奥会闭幕,奥运之火其实没有熄灭,因为更多火种已化作雪花,伴风入夜,飘散到每个人的心里——一曲笙歌毕,千门灯火莹。今宵挥别后,一起向未来!"志愿精神和奥林匹克精神将在未来的岁月里伴我一路前行。作为新时代的青年学生,我会将强烈的历史责任感和时代使命感融入自强不息、矢志报国的行动中,为中华民族伟大复兴贡献青春力量!

奥运梦 志愿路 家国情

使命在肩 初心如磐

章婷婷
燕山大学外国语学院 2020 级硕士生

"章婷婷,您好,您拟被以下岗位录用:赞助企业服务。"收到北京冬奥组委的录取邮件之时,我的内心除了兴奋激动还有点小膨胀。虽然在网络上查不到该岗位的任务要求和所属职责,但能成为冬奥会赛事赞助企业,实力和声誉肯定不一般。为了使自己的能力与岗位需求相匹配,我多方位提升自己,在校认真参加冬奥组委和学校开设的诸多专业课程,学习冬奥知识、服务礼仪和专业英语,还参加了《英语世界》杯全国大学生冬奥英语词汇大赛和翻译大赛,分别获得国家级一等奖和三等奖。在上岗前的专业培训中,更是牢记领域经理的所传所答,了解冬奥赞助商分级和赞助领域,在空间内推演应急预案,每日按时上报工作计划和工作简报……那时的我对未来服务充满憧憬,无论任务多么繁重都干劲十足,坚信一切准备均是为之后的工作打基础、做铺垫。

然而好事多磨,一次紧急会议,改变了我在冬奥的服务轨迹。因北京 2022 官方特许商品零售店客流量大,任务繁重,亟须援手,开赛前我所在部门接到上级紧急指令,派我和小伙伴前往古杨树场馆群,

第一章　奥运梦
胸怀大局　自信开放

协助官方特许零售店开展工作，也开启了我与官方特许零售店的缘分。

从半技术岗换成了劳动服务岗，心里没有落差是不可能的，感觉自己前期做的准备全都白费了。但后来在经理和店长的开导和培训下，了解到了特许商店的特殊意义，"每购买一件冬奥特许商品，就是为冬奥会贡献一份力量，那我们身处这个岗位，就更要用一百二十分的热情为顾客服务。"在岗期间，我将特许商品卖点价格牢记心中，及时解答顾客所问，特许付款方式流程了然于心；特许商品补货、整理、消费秩序维护、排队临时通道设置、安全间距提醒、顾客入店消毒测温……服务期间我时刻绷紧神经，努力做到眼里有活、心中有事、积极应对。

章婷婷（右一）引导观众有序入店

在特许商店工作也会受到他人艳羡的目光。服务期间，冬奥组委明令禁止工作人员购买特许商店商品，我和志愿者张玮是唯一能接触特许商品的志愿者，但当时都不敢和其他人透露自己的工作职责，怕让我们带货代购的人蜂拥而上，毕竟咱们的国际"顶流"冰墩墩可是俘获了所有人的心啊。虽然每天能接触到咱们的"顶流墩儿"，但身在其位，就要遵守这里的工作规则，所以连亲哥哥订婚想要一对冰墩墩和雪容融镇场，我都只能表示无能为力。面对观众和其他同事的一些质疑，我虽理解，但也是无奈的，只能一遍遍做好解释工作，"根据规定，本场馆禁止工作人员购买特许商品，只有观众能持票入店。本店的工作人员绝不会谋取私利。特许商品购买热潮反映的是大家对北京冬奥会的美好祝愿，既然迟早能实现'一户一墩，一家一融'，我们何必急于这一时，为了买墩墩触犯红线，或者把自己冻成墩墩呢。"

使命在肩，初心如磐！无论身处什么岗位，承担什么职责，我服务冬奥的热情不会变，为冬奥盛会保驾护航的初心更不会变。这样的经历也将继续指引我勇担使命，勇往直前！

第一章　奥运梦

胸怀大局　自信开放

努力展现出当代青年应有的样子

王智健
燕山大学文法学院 2019 级本科生

"这是你们最美好的回忆和骄傲，也是张家口人民最美的回忆和骄傲。"

"谢谢您，真的是会难忘终生，我们也感觉到非常的荣幸！"

这是冬残奥结束后张家口残联的一位工作人员和我在微信上的对话，就像她说的那样，为冬奥会和冬残奥会志愿服务的这段时光，于我而言，是值得回忆且骄傲一生的事情。

"我曾经无数次说过的，我做到了"

我是一名校园主持人，也是一个经常活跃在各大舞台的演讲者。舞台之上，曾无数次说起过的话是：当代中国青年应当展现出青春激昂的风采，为实现中国梦贡献自己的青春力量。当得知冬奥志愿者招募时，将曾经说过的话付诸行动的时刻大抵已经到来了。

从 2019 年到 2021 年，我每次面试前都会用心准备很久、提前进行体能锻炼应对体能测试、制作冬奥推文宣传冬奥知识、参与冬奥系列活动、学习冬奥知识、参加冬奥培训……是的，努力去弥补自己的每一点不足的同时，我的大学生活也逐渐与"冬奥"两个字紧密相连。当收到录用通知的那一刻，真的觉得一切都值得。

2022年1月18日，我10小时车程跨越600多公里赴张家口制服和注册分中心为在校的300余位"战友"整理好行囊，为他们带回志愿者装备。2022年1月31日，我编排节目、撰写主持词、现场音控，在奥雪小镇驻地与志愿者管理团队组织联欢活动，为志愿者朋友送上新年祝福。而真的将自己的青春融入一件国家大事当中之时，却觉得这像是一场梦。2022年2月5日，迎来了第一个比赛日，曾无数次模拟过的场景得到实战……这一次，才真真切切地感受到这不是梦，而是我真的做到了，并且一定要努力做好。

"用最大的热情做好赛事服务工作"

观众取暖区内，一位观众留下了这样一段话：你们的热情打动了我，感谢你们辛苦的付出。对我而言，这是一个巨大的肯定。其实赛事服务是一个很平凡的工作，如何在这份平凡中呈现出一丝丝的光亮，我觉得是要用最大的热情去温暖这个寒冬。我相信这份热情会感染到每一个人。

"您好，欢迎来到国家冬季两项中心，祝您观赛愉快！"检票大棚旁，热情洋溢的声音、努力挥动的双手；"谢谢，辛苦啦"，虽然戴着口罩无法看清彼此的表情，但我能感受到他们的笑容。当我见到有观众对我们竖起了大拇指，一份热浪涌上心头，我努力去温暖他们的同时，他们也温暖了我。

作为赛事服务领域观赛服务保障模块的一员，除了每日在存放间搬运整理物资、在检票大棚处发放观众观赛物资、在观众取暖区进

第一章　奥运梦

胸怀大局　自信开放

行观众引导之外，另一份热情，是发挥余力去支援其他模块。在零下二三十摄氏度的寒风中执行交通控制任务，我还记得最长的那一次是两个多小时的坚守，回到休息区时，手脚已经冻得没有知觉。漫天飞雪里和伙伴一同清扫看台积雪，带动所有观众为运动员加油，任务结束时，我的眼睫毛与头发上已经结满了冰珠。虽然很累，但我依旧想保持这份热情，用这份热情去感染每一个人，完成我们共同的目标，去做好赛事服务工作。

王智健（右一）为观众发放观赛物资

"志愿服务结束这天是我的生日"

当群内数不清的志愿者送上"祝赛事服务领域志愿者王智健生日快乐"的祝福，当总结大会上所有"战友"唱响了歌曲"对所有的烦恼说拜拜，对所有的快乐说嗨嗨"，当体育展示环节一群特殊的小朋友送上他们亲笔画的画时，我知道，我的冬奥之旅即将结束了。每名志愿者的生日，老师和志愿者之家都会为他们庆祝，我很幸运能够在残奥会的最后一天迎来我的二十一岁。其实我一直都在期待着这一天，但是真的到来之时，感觉到的却是时光飞逝，三个月的时光仿佛就是转瞬之间，当我将观赛物资发放给我的最后一位观众时，我哭了，泪水里饱含的是对这份宝贵经历和无数份珍贵友谊的不舍，当然，也充斥着无数美好的回忆。

多少年后，我应仍会记得这里曾经是我奋斗过的地方！迎着朝阳，披着星辰，踏着冰雪，顶着寒风，近万名观众的接待，上万件观赛物资的发放，这里的故事是那么的精彩纷呈，这里的青年是如此的意气风发。青春的足迹会踏往祖国需要的地方，我们也定会展现当代青年应有的模样！

第一章 奥运梦
胸怀大局 自信开放

家门口的奥运盛会一定不能缺席

郭凯宇
燕山大学经济管理学院 2021 级硕士生

"我是一名北京冬奥会赛事服务志愿者,更是一名地地道道的张家口人,为了能够服务好在'家门口'举办的冬奥盛会,我一直在努力完善和提升自己。"

将冬奥播种在孩子们的心里

"同学们好,我叫郭凯宇,是大家的新数学老师,来自冬奥之城张家口。"在成为北京冬奥会志愿者前,这是我作为燕山大学研究生支教团成员在青海省德令哈市支教时,进入班级的第一次自我介绍。话音落下,迎来的不是孩子们的掌声,而是孩子们接踵而至的"问题","老师,什么是冬奥啊?""老师,张家口在哪里?"……我所服务的学校是德令哈市最大的一所乡村中学,孩子们基本上都没听说过冬奥的有关内容,看着孩子们求知的眼神,"冬奥小课堂"就这样办起来了。每节课前,讲解一个冬奥知识,把奥运文化带上课堂,课下带着孩子们体验冰雪项目,领略冬奥运动的魅力,用实际行动将冬奥播种在孩子们的心里。临别之际,全班同学也跟我做了一个约定:"郭老师，等你回去后，冬奥会上和我们再见！"成为一名北京冬奥会和冬残奥会国家冬季两项中心的志愿者，这不仅是实现自己服务冬奥的梦想，更是践行了与孩子们的冬奥承诺。

开赛以来，我实地踏勘了场馆的每一个工作点位。每一个比赛日，都与模块的其他志愿者伙伴将所需的工作物资发放到位，赛后回收，记录整个赛事服务领域的运行情况，虽然每天上岗时间比其他模块志愿者要早，下岗要晚，却时刻用行动去践行一名青年党员志愿者的责任与担当。

对接属地，为家乡人倾情服务

从观众进入场馆的那一刻，整场比赛的赛事服务工作正式开始，作为一名土生土长的张家口人参与家门口的冬奥会和冬残奥会，我第一时间向本地观众用方言发出问候。

"小郭，明天观众的进场流线，我还有点闹不机密，你再给我说说"，"好的，老师，明天我们是这样安排的……"面对属地的咨询，我总是先用普通话解释一遍，再用纯朴的张家口方言复述一遍，只为让观众在场馆也能感受到熟悉的温暖。观赛期间，很多观众既兴奋又好奇，有时候相同的提示内容需要重复很多遍，但我在疲惫之余也充满了满足。"今天又有老乡跟我合影了！"每当比赛结束，观众退场，总有一些家乡观众主动来找我合影。对于我来说，这是赛事服务"主人翁"的浪漫，也是张家口"家里人"的热情，能够得到观众的肯定，我觉得一切都是那么值得。

第一章　奥运梦

胸怀大局　自信开放

意想不到的"惊喜"

"凯宇，最近工作怎么样啊？想没想家？今天给你个惊喜！"电话那边传来了堂姐熟悉的声音，"什么惊喜啊？快告诉我。""保密！"电话戛然而止，内心却久久不能平静。我每天的主要任务之一便是与属地对接观众事宜，对于堂姐所说的"惊喜"，其实早已猜到。

从去年的西部支教到今年的服务冬奥和冬残奥，这已经是我第二个没有在家好好度过的春节了。接完堂姐的电话，我就已经猜到了会发生什么，在之前便听堂姐在微信群里说她可能要作为观众去现场观看冬奥赛事，在看到今日属地观众信息后，更让我确定了这个"惊喜"到底是什么。

预想了很多种相见的情形，可与姐姐真正见面的那一刻，竟是那

郭凯宇（左三）带领观众共同为运动员加油助威

么平静。因为疫情防控要求，不能摘下口罩，甚至都没有一个拥抱。"今年春节，可又是只缺你啊，再不见你，我都快忘了你长啥样了。怎么样，工作累不累？瘦没瘦？"十分钟的团聚，说不完这一年姐弟未见的情谊，便又到了我上岗的时间，挥手告别，约定春暖花开时与亲人们再见！

  电视剧《士兵突击》里，许三多的信仰是做有意义的事。对于我来说，虽然两年没有在家过年，可每一次无论是对国家还是自己来说，我觉得我都在做着有意义的事。失去了与家人欢聚的时刻，收获的却是这一辈子难忘的经历，服务冬奥，志愿青春！因为这是一场开在家门口的奥运盛会，我一定不能缺席。

第一章　奥运梦
胸怀大局　自信开放

冬奥中的青年智慧、青年担当

郭发展

燕山大学文法学院 2019 级本科生

服务冬奥期间,我在国家冬季两项中心赛事服务领域看台引导模块工作,在这里我收获了人生最美好的回忆。

可能大家想象不到室外零下二三十度大雪纷飞的观众看台是什么样子,也可能大家不知道在看台下面是比看台还要冷的临时休息室。有的志愿者被冻到无法坚持,休息一会儿之后仍然执意要回到岗位,有的志愿者因为工作需要而手指冻肿,有的志愿者在寒风中两个肩膀各抗两个"铁马"护栏上下楼梯进行摆放,但没有人有任何怨言,在最冷的时候我们宁愿自己在外面多抗一会,也要让伙伴们多休息一下。

2022 年,绝大部分志愿者是第一次不在家里过年,也是很多同学离家最长的一段时间,有的志愿者家中突发变故却无法回家分担,有的志愿者在晚上睡觉时把自己紧紧裹在被子里轻声哭泣。大年三十,一个人孤零零地漂泊在外,在视频上看着家人包饺子、贴春联,谁不想和家人团聚,陪一陪已然老去的爷爷奶奶、姥姥姥爷和父母呢。但是我的父母告诉我:"冬奥是国家大事、世界瞩目,咱们家可能几代人都没有这样一个际遇能够直接为国家效力,你要珍惜为国家做贡献的日子，对国家的忠就是对我们最大的孝。"不管多么冷、多么苦，我们都在岗位上履职尽责，在运动员经过时，我们带领观众朋友近乎疯狂地摇旗呐喊，"中国队加油，运动员加油！"所有观众都被我们感动。有一次在观众将要离开时，一位年轻的观众朋友送给我她的饮料和小零食，她说"你在看台带领我们加油呐喊，一直都没有休息，嗓子都已经喊哑了，真是不容易，你们辛苦了"，听到这句话，我感到一切都是值得的！我们能够在家门口服务冬奥、感受冬奥是何其荣幸！我们能够在冬奥雪域守护神圣热土是何其荣幸！

在做好志愿服务的同时，我们的小伙伴们也对场馆的服务情况进行了热烈讨论，针对值得改进的地方提出了很多有益的看法。当时我就想，能不能把在国家冬季两项中心的情况反馈给相关部门，通过高校的青年智力资源服务冬奥、服务我省的志愿者工作呢？

说干就干，我连夜联系了导师，在她的指导下，通过撰写咨政报告的方式把服务冬奥过程中的经验整理归纳，为今后的大型赛会志愿服务高质量发展建言献策、贡献青春才智。将文章写在祖国的大地上，在实践中不断砥砺马克思主义信仰和家国情怀，这是当代青年的使命和荣光。

冬奥志愿服务经历激发了我以小诗的方式来抒发自身情感，寄托家国情怀。

平凡的清晨拉开帷幕，
外面灯火通明，里面热流汹涌。
驻地崇山峻岭，雪景环绕，
宿舍热情高涨，新春灯笼。
休整的日子，忙碌的工作，

第一章　奥运梦

胸怀大局　自信开放

莘莘学子团聚一堂,
共迎崭新的壬寅虎春。
给启蒙老师送上新年祝福,
为好友亲朋祈求阖家欢乐,
独自过年的游子,
与众多战友组成了新的大家庭。
看！那是春晚的到来,听！
那是序曲的回响,
回响到每个心灵爱的梦乡,
回响到我们留恋的冬两。

郭发展（左一）带领观众为运动员摇旗呐喊

奥运梦 志愿路 家国情

冰雪为媒
共赴冬奥之约

邵佳盈

燕山大学艺术与设计学院 2020 级硕士生

说起我的冬奥故事,首先要感谢燕山大学,2020 年我考入燕大,加入研究生队伍当中,成为一名燕大人;其次要感谢艺术与设计学院,能够给我这个平台,让我参与到这次盛会当中,成为一名燕大冬奥人。

犹记得当时我在整理自己的作业时,学院研会群里发布了一条冬奥会志愿者补录的消息,我当时想都没想第一时间给导师打了电话,接着又给父母打了电话,取得了两方"大家长"的同意后,我满怀欣喜地在报名表上填写了相关信息,心情久久平复不下来。我当时就在想,这是在中国举办的冬奥会啊,如果我能够作为一名志愿者参与其中,见证奥林匹克精神,这一生都值了。

冬奥会志愿者的选拔过程相当激烈,要在近 4000 名报名者当中选出 500 多名,我当时也是内心荡起了波澜,能被选上吗?如果被选上,那选择我的优势是什么?为了能实现我的冬奥梦,我也是拼尽了全力,无论是在学校还是放假回家,只要有需要志愿者的地方,我就会立刻加入其中。为了提高自己的综合素质,我每天早晨六点到操场跑步,锻炼身体,然后再去上课。无论课上还是课下,我都会抓紧时间学习

第一章　奥运梦

胸怀大局　自信开放

英语口语和语言组织能力，以便从容应对冬奥场上的各种交际问题。直到 2021 年 11 月 28 日，我收到了来自冬奥组委的邮件，内容是录用我为古杨树场馆群赛事服务的志愿者。那一刻，我笑了，由衷地为自己终于成为一名燕大冬奥人而开心。

2022 年 1 月 24 日，终于迎来了这一天，早晨八点我们在东校区图书馆门前集结，学校和学院的领导都来为我们送行。听着领导们跟我们说"今年大家都在外地过年，在外有什么委屈一定要和老师、和学校说，学校永远是大家的避风港"时，心里特别地温暖。宣誓和拍照完毕以后，我坐上大巴车，心情十分复杂，有种孩子第一次离开家的感觉。坐在车上看见学校来送行的老师们向我们招手，我终于破防了，在车上给导师和父母发了微信以后，终于控制不住自己的情绪，哭成了一个泪人。这是我第一次在外地过年，心情十分复杂，有感动有思念，但是心中还燃烧着一团火，就是一股冬奥热情，我把它理解为奋斗精神，就像是刻在骨子里的燕大校训一样，每每想家的时候，我都会在心里告诉自己，我不只是一个人，我将带着老师、亲人、朋友的期盼出发，去见证以冰雪为媒的冬奥盛会。我想所有燕大冬奥人的心情都会是和我一样的吧。

到了张家口奥雪小镇驻地以后，我把上车时那些复杂的情绪都抛之脑后了。我们到的时候是晚上，天上已经飘起了雪花，走过路过的蓝精灵们不管认识不认识，都会相互打个招呼，到这一刻我才发现，不仅仅是我们燕大的 300 多名志愿者组成了一个大家庭，而是更多穿着共同衣服、有着共同名字的蓝精灵们组成了一个大家庭。冬奥会也因有了这群蓝精灵的出现，从而呈现出了一道亮丽的蓝色风景线。

在开幕式之前，我们每天都来到场馆培训学习，为的就是能够在服务的过程中展示出最饱满的热情，最积极的状态以及最从容的姿态。我们42人团队被分成了每10人一组的小组，由2名老师以及4名小组长带领，我们会每天想出各个岗位上可能会遇到的各种问题，做了无数种预案，想了无数种解决方案。上岗前两天我们还专门与其他领域的志愿者相互演练模拟，我把每一次演练都当成自己的一场考试，熟悉各个岗位的点位，将每一个岗位的话术都熟记于心，以便在以后的工作中可以从容地面对并解决各种各样的问题。同时，我还是对接环内场馆群老师的联络员，除了做好自己本职工作以外，还要做好环内环外的视频拍摄工作，在这个过程中我很享受，因为我认为，志愿服务，认真做好本职工作是基础，将落在自己肩上的任务做好更是一种责任。

正式上岗时，有好多观众会亲切地和我们打招呼，还有的会和我们合影。有些小姐姐在对我的服务表示感谢之后还会多说一句，这么冷的天，你们辛苦了！我只想说，做自己喜欢的事，成为自己想成为的人，哪有什么辛苦不辛苦，只会享受服务过程，从中体会乐趣。还有好多好多人问我是哪个学校来的，我都会骄傲地告诉他们，我是来自燕山大学的学生，因为我知道，我站在这里，不仅仅代表着我自己，我还代表着我的学校，更代表着我的祖国，我要向全国各地的人们展示出燕大精神，发扬我们的优良传统。尽管迎着朝霞上岗，贪黑回到驻地，但是我们度过的每一天都很充实、都很快乐。

奥运之火、中国之火不仅展现了中华之强盛，而且成为照亮和守护世界和平的象征。我们蓝精灵，作为星星之火，定能将中国青年的风貌和志愿精神更好地展现给全世界。

第一章　奥运梦

胸怀大局　自信开放

邵佳盈（左一）在冬残奥会期间引导残疾人观众入场

第二章　志愿路
迎难而上　追求卓越

第二章 志愿路
迎难而上 追求卓越

服务冬奥两件大事：我骄傲

陈 硕
燕山大学团委宣传部部长

从 2021 年 9 月 26 日冬奥会闭幕式演员招募到 2022 年 4 月 4 日在张家口完成服务冬奥任务平安凯旋，在 191 天集中服务冬奥的日子里，我不仅成为一名光荣的冬奥会志愿者，还有幸承担了我校冬奥会闭幕式演员招募、选拔等系列工作，参与、服务冬奥会的两件大事。从服务"相约北京"冬季两项国际训练周到出征北京冬奥会，从国家冬季两项中心闭环外志愿者业务领域主管到闭环内体育领域办公室辅助工作人员，从秦皇岛燕山大学到张家口赛区国家冬季两项中心，这些工作、身份、地点的转换，宣传、媒体、文艺、创作、策划、摄影等知识的运用，让我成长为北京 2022 年冬奥会斜杠青年；而这些时间、节点、经历，也成为我最闪闪发光、最值得骄傲的回忆。

我是北京冬奥会"宣传志愿者的志愿者"

在冬奥会期间，我服务于国家冬季两项中心志愿者业务领域，负责场馆团队志愿服务宣传工作，可以说是"宣传志愿者的志愿者"。217G 的宣传素材记录着我参与冬奥、服务冬奥的冰雪之旅。

"在家门口服务冬奥会这一国际重大赛事责任重大、使命光荣，做好宣传工作要严肃，更要活泼；要出彩，但不能出线，翔实记录中国青年在服务国际赛事服务中的青春风采。"这是之前我接受采访中的一段回答。宣传，虽然只有简单的两个字，却包括了从最开始的选题策划、素材收集、典型挖掘、事迹整理、新闻稿撰写、新媒体编辑与运用、宣传阵地建设到最后的宣传成果汇总等一系列的内容，每一项都是专业的系统工作。

无论在哪里，宣传工作都是极富挑战的工作。在学校，我负责团委的宣传工作，因此做好我校服务冬奥的宣传工作是职责、使命，更是义不容辞的责任。这也与我在冬奥会国家冬季两项中心的岗位工作无缝衔接，如何兼顾我校服务冬奥人员以及场馆志愿者宣传，如何做好双料"宣传员"，如何讲好冬奥会志愿服务的青春故事，这样庞大、系统的宣传工作，既是机遇又是挑战，既是荣幸也是不小的担子。建立一支素质过硬的宣传团队是关键。我在我校服务的古杨树场馆群8个业务领域和国家冬季两项中心14个业务领域选拔政治素质高、宣传业务能力强的59名师生志愿者组成我校宣传团队；在有志愿者服务的国家冬季两项中心19个业务领域选拔42名来自京冀高校志愿者担任本领域的宣传员，组建了"冬两赛时VOL（志愿者）新宣大家庭"，为赛时及时获得一手宣传素材奠定了坚实的团队基础，也为志愿者业务领域宣传工作的顺利开展提供了保障。

宣传需要创新，更需要打动人心。通过视频用讲故事的形式更能打动人、吸引人，更能引起共鸣。在北京冬奥会倒计时100天、冬季两项国际训练周、学校冬奥会出征、冬奥会赛前誓师宣誓、冬奥会倒计时1天等冬奥会重要时间节点策划、指导、制作的7个视频作品，

第二章　志愿路
迎难而上　追求卓越

被北京 2022 年冬奥会官网、《河北日报》、河北广播电视台等平台展播推送，工作事迹被新华社客户端、学习强国河北平台、长城新媒体报道。新闻宣传工作讲时效，成绩取得的背后是我们这支团队带病上岗的执着，是夜以继日的坚持，是为国、为校争光的初心，我感动于团队一丝不苟的创作态度、精益求精的奋斗精神，我们用视频作品礼赞冬奥，让更多人通过视频作品了解冬奥、了解志愿服务，是一件非常有成就感的事情。

宣传工作还得做到有始有终。我们用宣传成果记忆冬奥，每次打开文件夹都有满满的成就感。除了视频作品，还有设计构建的国家冬季两项中心线上"冬两志愿 E 家"小程序，给场馆 471 名赛会志愿者

陈硕在"相约北京"冬季两项国际训练周服务期间接受记者采访

提供了集冬奥感悟分享、培训、志愿者知识、活动发布等功能为一体的线上学习交流平台；在冬奥会期间，我们团队还策划、制作了具有场馆特色的志愿者工作电子日报《V来之声》。每日一期，我通过亲自拍摄和间接采集相结合的方式获取各领域志愿者温暖的工作瞬间，同时我坚持每天与3～4个领域的志愿者电话、微信采访，挖掘各领域工作亮点和典型，全面、立体、鲜活地展示志愿者在冬两场馆服务的一天。从2022年1月27日至2月20日，我用25期日报，每期6个板块、精选480余张照片，编整2万余字，讲述了场馆19个领域志愿者志愿奉献、冬奥有我的青春故事。

身在崇礼，情牵北京冬奥会闭幕式演出

在我服务冬奥的文件里有一个6.27G的文件夹，记录着我参与学校冬奥会闭幕式演员招募、选拔、排练等点滴经历。2022年2月20日20点，北京冬奥会闭幕式在国家体育馆鸟巢举行，在张家口服务冬奥的我早早地守在手机旁边，等着看学生们在鸟巢绽放的时刻。2021年9月26日起，我开始负责冬奥会闭幕式演员在我们学校的选拔工作，刚接到这个工作的时候内心是激动和自豪的，我们的学生有机会参加这样大型的国际盛会的演出，是一个多么难得的机会。我们按照选拔标准，开始在学校的各大艺术团、舞蹈团招募和选拔演员，刚开始报名的同学并不是很多，参加这么高规格的演出，又需要有舞蹈基础和舞蹈功底，同学们多少有点儿不自信。"这次是我们离祖国最近的时刻，这样的机会很难得，行不行我们都要积极地争取一下，就没有遗憾了。"艺术团舞蹈队队长的一句话深深感动了我，有了这样的鼓励，同学们纷纷报名参加选拔，都期待着能去北京亲眼见证这一激动人心的时刻。

第二章　志愿路
迎难而上　追求卓越

我从接到任务到 2022 年 1 月 19 日演员出征北京，在 146 天中三轮校园招募、三次导演选拔、一次政审、两次增选，大小 7 次协调会，34 次数据和表格的统计、整理、校对、提交……因为我是场馆志愿者的关系，我没能和这些我看着入选的同学们一起去北京，亲身见证他们的荣耀时刻，但这不影响我在屏幕前为他们祝福。当在闭幕式上看到我校 225 名演员在国家体育馆的舞台上向世界展现中国青年的风采时，这一刻，我的眼泪夺眶而出，燕大青年好样的，是可堪大任的中国新时代青年！

我在这里服务冬残奥会各国体育代表团

一段经历的结束，也是另一段经历的开始。冬残奥会期间，我工作的领域调整到疫情风险较高、距离运动员和赛场更近的闭环内体育领域竞赛办公室，这里是国家冬季两项中心竞赛信息集散地，我们在这里定时发布赛场气象信息、张贴每一场比赛出发顺序，第一时间发布非正式成绩、最终成绩，用细致的工作态度及时、准确地做好信息的发布工作；这里是国家冬季两项中心的枢纽和窗口部门，我们在这里组织各国运动员赛前报到、准备竞赛用具、用英语为各国体育代表团提供竞赛咨询，我们用热情周到的服务践行了"冬奥有我"的承诺。

就是在这样一间办公室，我们第一时间见证了冬残奥会 38 枚金牌的诞生，我们为了及时将一手成绩单送达指定地点而奋力奔跑，我们更是以零失误水准准备每一场运动员竞赛用具，最多的一天准备了 27 场竞赛。我们用实际行动表达了对冬奥的爱，对祖国的爱，用实际行动架起了与各国体育代表团友谊的桥梁。

能作为 1.8 万赛会志愿者的一分子参与冬奥、服务冬奥，我感到无比骄傲。参与冬奥、服务冬奥是新百年燕大人熔铸家国情怀的真实写照，在工作中我将继续发扬北京冬奥精神，秉持燕大人文化品格和志愿服务的初心，继续做好斜杠青年，把燕大人服务国家发展、服务国际赛事这段有意义的经历讲给更多的人，努力讲好燕山大学与祖国同频共振的新篇章。让精神永续，光辉长存！

陈硕（二排左四）与冬残奥会体育领域的燕山大学志愿者合影

第二章 志愿路
迎难而上 追求卓越

我的冬奥日记关键词

邹 楠
燕山大学信息科学与工程学院团委书记

我是燕大冬奥人，也是一名辅导员。赛时担任张家口赛区国家冬季两项中心志愿者业务领域志愿者主管，协助经理开展闭环内志愿者的激励、保障与考核工作。

2008年，我从燕山大学毕业，与服务北京奥运会的机会擦肩而过，作为一个燕大人、一个秦皇岛人，没能参与其中，不能不说是一种遗憾。所以，当我接到北京冬奥会和冬残奥会志愿者选拔的通知时，没有和家人商量就报了名。当时心里想的就是，我要去冬奥！

在经历了选拔、培训和面试考核后，收到定岗邮件的那天，我就像当年收到录取通知书一样兴奋。2021年的12月份，我第一次来到了国家冬季两项中心，参与国际训练周的志愿服务工作。可以说，从那个时候起，冬奥、张家口、冬两、寒冷、时间、岗位、闭环等等词语就逐渐充满了我的大脑。归根结底一句话：为了冬奥，为了燕大，撸起袖子加油干！

为了给自己留下美好的回忆，我决定写自己的冬奥日记。初衷其实挺简单，就是想通过日记的形式来记录身在冬奥的点点滴滴，当回忆往事的时候，能看到自己亲笔写下的冬奥生活一定是一件很炫的事情。

关键词一：冬奥第一天，"勇当先锋"

在冬奥青春建功是每一位志愿者的追求与梦想，我亦如此。在冬奥第一天，我收到了先锋队的队旗和专属徽章。我按照北京冬奥组委机关团委的工作部署和领域经理的安排，协调了闭环内16个业务领域。来自17个单位的120名志愿者组建了国家冬季两项中心环内志愿者青年先锋队，并由我担任队长。在冬奥期间，我和全体队员一起引领全体志愿者聚焦赛时任务，在岗位上勇于争先。在场馆清雪任务中，我的责任区在冬两的一个户外停车场，面积有几百平方米，但是我们只有四个人。我们四个站在白雪皑皑的停车场里，想象起来画面还是挺浪漫的，但是干起活来就不是那么美好了。头顶鹅毛大雪，脚踩雪白大地，手拿竹编大扫帚，一干就是一两个小时，有时候就在想，这雪能不能停一会儿，因为刚扫过的地方很快就会再盖上一层雪。有意思的是，雪扫干净了，扫帚也秃了。现在回想起来，当时的情况和学校南迁时师生在校园里劳动建设的场景倒是有些许相似，大家都在劳动中感受快乐，都在传承燕大人的奋斗基因。

关键词二：冬奥第二天，"一五一十"

百度百科对"一五一十"的含义是这么解释：五个十个地将数目点清，比喻叙述没有遗漏，也形容查点数目一清二楚。说实话，从高校来的我，从没敢想过在冬奥会的工作中会面临最基本的小学数学问题，那就是数数。而且从未想过数数这个事情会贯穿整个冬奥会和冬

第二章 志愿路
迎难而上　追求卓越

残奥会。由于冬奥组委和场馆对激励物资的发放及管理十分严格，所以就需要我们对小到徽章、签字笔，大到雨衣等物品，一个一个地仔细清点。物流把货送来之后，我们就要拆箱、清点、分类、装箱、写数量标识、入库、发放、登记，同时还要分拨出来环外的物资，人工搬运到缓冲区。我们既像仓库管理员，又像快递员。几乎每一天我们都要清点发放物资，从冬奥会开幕到冬残奥会闭幕，我们共清点发放激励物资33个类别，两万多个（件），这还没有包括食品和补充发放的暖贴、太阳镜等物资。当冬残奥会闭幕的时候，我们发现我们达到了航天级的标准——零误差。我想，这可能就是我们燕大人骨子里的工匠精神。

关键词三：冬奥第七天，"绞尽脑汁"

冬奥第七天是春节，327名来自各地的志愿者无法在亲人身边过节，一场特殊时间、特殊场合的联欢或许是我和伙伴们能送给志愿者们最好的礼物。我们克服了找寻环内场地的困难，将联欢会地点确定在了工作人员餐厅，同时，也严格遵守疫情防控要求，全员戴着N95口罩到场。其实最让我挖空心思的就是晚会策划，我们白天上班，

邹楠在搬运冬奥志愿者保障激励物资

晚上熬夜，最终呈现给大家的是歌曲舞蹈、你画我猜、冬奥飞花令等一系列精彩纷呈的节目。转播领域的经理是一位资深记者、主持人，被志愿者所感染，即兴朗诵了《青春中国》，感染了每一位青年学生。一天的工作和活动结束，已是晚上八点多了。这时，场馆只剩了我们领域的四个人，将近晚上九点才吃上了年三十这天的第一顿饭。这活动一办就停不下来了，元宵节猜灯谜的谜面让我冥思苦想，冰墩墩创意设计赛的评选让我费尽心思。还有要在赛时过生日的志愿者，大家精心准备的集体生日会让他们消除了"自斟生日酒"的孤独。虽然准备的过程很烧脑，但让我们欣慰的是让志愿者们真切地感受到了燕大人的热情，可贵的是凝聚了"一起向未来"的蓬勃力量。在燕大志愿者的共同努力下，这些活动先后被《北京日报》、冬奥官方会刊报道，展现了燕大人的卓越品质。

关键词四：冬奥第十八天，"约法三章"

志愿者业务领域的工作还有另一个重要的方面——考核。志愿者的工作本身就饱含着温度，所以考核就更要有据可依、有情有理。于是在冬奥第十八天，我作为主要成员起草了《国家冬季两项中心"志愿者每日之星、优秀志愿者、优秀志愿服务团队"评选办法》，开启了我的"立法"生涯。在那之后，我又承担了修订《志愿者考核管理办法》的任务。时间的指针其实可以拨回到2021年的10月，那时我主笔起草了第一版考核管理办法。当接到这个任务的时候，手头没有参考资料，网上也基本搜索不到相关的文件，国外文献也大都没有参考意义，我只能从零开始。我在燕大法学专业学习了七年，学校的教育让我坚信自己能完成这个任务。考核这个词听起来严肃，但是我要

第二章　志愿路
迎难而上　追求卓越

让这些看似冷冰冰的考核文件，蕴含对志愿者工作的肯定和鼓励，充满人文关怀。

关键词五：冬奥日记前传，"坚强后盾"

在出发前，父亲因脑出血入院，医院下了病危通知，当时我的内心在犹豫、在挣扎，是母亲的坚强给了我前行的信心和动力。"冬奥是大事儿。家里的事儿有妈在，就算是最坏的结果，天也塌不下来。你安心地去！"妻子一边要照顾孩子，一边要探望公婆，是她的贤惠让我没有了后顾之忧。学校的领导和同事分担了我在学校的工作，学院还有 57 名同学和我一同出征，他们共同为我筑起了坚强的后盾。

我的日记里写了袁枚的一首小诗，"白日不到处，青春恰自来。苔花如米小，也学牡丹开。"作为一名燕大冬奥志愿者，我和同学们汇聚力量，用"燕大蓝"为"天霁蓝"添色，让冬奥最温暖的光更加闪耀。

作为冬奥青年先锋队一员，邹楠参加场馆除雪工作

"执着专注，一丝不苟"
一名辅导员的冬奥成长记

燕 博
燕山大学西里西亚智能科学
与工程学院团委书记

从 2021 年 10 月 11 日借调到北京冬奥组委担任张家口赛区利益相关方住宿区域经理（P2 工作人员）开始，在近六个月中，我全面负责张家口赛区洲际、逸衡两家官方接待酒店的赛时运行工作，管理协调酒店、县区保障组、防疫、医疗、交通、安保、食药监、消防等各支援领域，完成冬奥会期间要宾和贵宾、IOC（国际奥林匹克委员会）、NOC（国家奥林匹克委员会）、OBS（奥林匹克广播服务公司）以及 PRESS（文字媒体）等利益相关方的住宿保障工作。对于此次令人难忘的冬奥支援工作经历，可以用"多重挑战，稳妥协调"八个字来概括。

挑战一：严峻的疫情形势，严苛的防控要求

冬奥会举办前夕，正是"奥密克戎"毒株在全球肆虐的疯狂时刻。党中央明确指出冬奥会疫情"五个不发生"是工作目标，更是工作底线。而整个闭环区域内，承担住宿保障任务的酒店和营地，是各涉奥人员活动时间最长的室内封闭空间，防疫风险也最大。为了做好所负责酒店的防疫工作，我开始恶补防疫专业知识，慢慢衍变为一个"土专家"，

第二章 志愿路
迎难而上 追求卓越

与工作人员一起对57539平方米的酒店进行了一轮又一轮的实地踏勘，足迹遍布每一处楼梯、每一个角落，每天微信运动都在四五万步，最终制定出15条疫情防控流线，并在实践中检验是非常科学合理的。此外，我还协调为酒店员工进行了多场次的疫情防控培训、争取足额的防疫物资、赛时时刻检查防疫漏洞、冷静处理阳性及密接客人。经过与同事艰苦卓绝的努力，酒店"零事故""零传染"，圆满完成疫情防控这一最艰巨任务。

挑战二：紧张的工程进度，堪忧的服务质量

官方接待酒店的核心宗旨就是提供优质服务并让客人十分满意。北京冬奥会三个赛区的多家酒店已经经营多年，在硬件水平和服务质量上已经非常成熟，很多还有北京奥运会或国家大型庆典的接待经验。而当我正式入驻负责的洲际和逸衡酒店时，它还是一个满目疮痍的大工地，客房连门都没有，楼道里全是建筑垃圾，而此时距离接待第一名客人已经不足一个月。"一步也不能错，一刻也等不得"，我每天和酒店经理一道扎进施工现场，"水龙头出水是不是顺畅"，"房间挂灯是不是挂歪"，俩人对所有施工细节都需要反复确认和催促，生怕延误了工期。施工现场灰尘特别大，不夸张地讲，常常穿着黑羽绒服进入，出来已经悄然变成白色。比起硬件，更让我着急和担忧的是人员紧缺和服务水平。冬奥官方接待饭店有着比普通饭店更为严苛的服务标准，但作为有400多个房间的五星级酒店，洲际、逸衡12月份只有员工20多人。在河北省文旅厅的帮助下，紧急从邯郸抽调了120名大学生组成帮扶团队。人是齐了，但这些大学生却毫无酒店工作经验。于是我和酒店员工一道，从零开始，对这些大学生进行一轮又一轮的培训，从着装礼仪，到刀叉摆放，再到布草更换，学生们都问我"您在酒店工作多少年了？"，殊不知在大学校园工作的我也是人生中第一次接触酒店行业。同学们上手很快，不仅很快进入角色，更是以出色优质的服务赢得了500多位国外客人的赞许。

挑战三：较高的接待难度，较少的分配资源

在12月份正式分配各位住宿区域经理主责酒店之前，我经历了长达两个月的培训和考核，最终因外语突出、综合考核优秀被分配到张家口赛区最重要的洲际酒店开展工作。说这家酒店最重要，是因为它要接待包括部分国家元首、巴赫主席在内的国际奥委会官员、国家（地区）奥委会官员、国际知名媒体等客户群，直接对标的是位于北京的奥林匹克大家庭酒店。可不同的是，北京奥林匹克大家庭酒店是以"场馆"的规格运行，官方工作人员和志愿者有数百人。而我所负责的洲际酒店，奥组委的工作人员只有我1人，志愿者只有6名，难度可想而知。"逢山开路，遇水架桥"，我迎难而上，政策不懂就找人一遍一遍地问，资源紧缺就找各个部门一遍一遍地要，人手不够就把自己掰成3个人用。"苦心人，天不负"，在这样艰难的情况下，我和团队不仅未出差错，更是得到许多要宾和贵宾的赞许。

对于我工作中的"稳妥协调"，主要体现在与三个领域人群的沟通、协调、对接和服务中，具体体现在：

一、驻店服务保障团队的"领头羊"与"润滑剂"

根据冬奥会整体部署，赛时每家签约酒店都是一个"小闭环"，崇礼洲际和逸衡酒店这个"小闭环"在峰值时有客人和工作人员600

第二章　志愿路
迎难而上　追求卓越

余人，而冬奥组委派驻的工作人员只有我 1 人，并对酒店运行负主要责任。从领导归属上，我要同时接受北京冬奥组委运动会服务部和张家口市冬奥指挥部住宿专班的双重领导；从工作对接上，我要与酒店业主方、酒店管理方、酒店邯郸支援团队、康保县驻店包联工作组以及防疫、医疗、交通、安保、食药监、消防、电力等各领域保障人员对接；因为要接待要宾和贵宾，还要接收外交部礼宾司、奥组委外联部、河北省外事办、河北特勤局的指令；对下，还要照顾 6 名对外经济贸易大学的志愿者。粗略计算，我要对接的有 18 个不同领域的人群，管理近 300 人。我凭借在学生工作实践中锻炼出来的沟通协调能力，一方面从整体上梳理各方关系，明确各方权责；另一方面单独与各个领域沟通，做各方的"思想政治教育。"在我的努力下，终于理顺关系，把这些领域拧成了一股绳，一起为完成冬奥任务而团结协作。因为这战友情，大家也成了最好的朋友。

二、酒店疫情防控处置的"急先锋"与"主心骨"

在北京冬奥会官方 App "北京 2022" 中有一个版块叫"官方发布"，每天会公布入境的运动员及利益相关方核酸复检阳性人数，而很少有人知道的是，这些复检阳性入境人员的防疫处置都发生在冬奥村和签约酒店。涉奥客人机场入境后会直接送到酒店入住，客人每日核酸也在酒店完成，如果发现异常也由酒店处置。在整个冬奥阶段，冬奥村和签约酒店承担了巨大的防疫压力。我负责的洲际、逸衡酒店，共接待初筛阳性客人 12 名。印象非常深刻，我永远不会忘了 2022 年 1 月 29 日那天。那时已经是凌晨 2 点多，接到工作群消息，一名即将入住的美国客人机场核酸复检为阳性，这是酒店的第一例。尽管之前针对

燕博（左一）与国际奥委会主席巴赫先生合影

这种情况已经演练过多次，可当真的要面对，大家一时还是不知所措。群里问："怎么办？"我在群里回复："我过去"。这是我很早之前就已经坚定的答案。随后，康保县人大副主任王大姐回复"我也去。"于是一名大学辅导员和一个50岁的大姐穿好防护服，比防疫人员先赶到大厅等待客人，并在接到客人后安排其入住隔离房间，开展复检等后续处置。我在那天凌晨四点多发了一条朋友圈："危险来临，没人会逞英雄，但我也不会认怂。"后来回忆起这件事，心里真的也非常害怕，特别是在大厅等待客人到来的阶段，特别忐忑，因为不知道自己防护服穿得是否到位、不知道与客人沟通交流会不会被传染、不知道与她同行的客人有没有出问题，但客人一下车那些就都不重要了，脑子里只有四个字：解决问题。而我为什么很早就坚定了"我过去"这种信念，是因为我是一名辅导员，也是学生党支部书记，这两种身份让我必须坚定信念，冲在最前。"但凡有犹豫、有退缩，我怕我的200多名学生看不起我，在开展党员教育时不硬气"，这就是我的回答。经历过这次之后，再处置复检阳性客人时大家都变得更加淡然和熟练，后续的 11 名客人也都是我和防疫团队一起接待和处置的。

三、要宾贵宾接待工作的"小学生"与"好学者"

做好高级酒店的服务其实是一门很深的学问，一名酒店职业经理人往往需要十余年的实践锻炼。但我作为一名大学辅导员，仅仅在短时间的培训后，就必须完成身份的转变。勤能补拙，我几乎所有空余时间都趴在酒店大堂，学习酒店经理们的待客方法、酒店的运行逻辑、与国外客人的沟通方式。而为了保证每一位客人舒心入住，无论多晚，我都会在酒店前厅耐心等待，用最真诚的微笑迎接客人，用最暖心的服务感染客人。更有挑战性的是，我负责的洲际酒店要接待国家元首、国际奥委会官员、国家（地区）奥委会官员、国际知名媒体等要宾贵宾，这是一名大学老师难以逾越的知识盲区。对于要宾贵宾，在外交礼节、食材采购、服务质量、安保配备等方面都有许多不同的要求，我每天都要和外交部礼宾司、河北省外事办、河北省特勤局的工作人员打交道。为了不出差错，我和酒店方一起反复商讨、严格落实。不知在多少遍的修改调整中，要宾贵宾接待工作越来越顺手了。在整个赛时阶段，酒店接待了国家元首摩纳哥亲王阿尔贝二世、国际奥委会主席托马斯·巴赫、国际奥委会副主席小萨马兰奇、中国香港奥委会会长霍震霆、澳大利亚奥委会伊恩、英国奥委会 CEO 安迪以及德国奥委会主席维克特等要宾贵宾，并得到了他们的一致赞赏。阿尔贝二世还发来感谢信："衷心感谢你们提供的杰出服务和待客之道，期待并祝你们未来继续成功"；国际奥委会主席托马斯·巴赫在留言中写道："你们的优质服务理应获得一枚奖牌！"

盛世冬奥华章，精彩永不落幕。我勤勉出色的工作得到了多方的认可和鼓励，用心服务的事迹两次被《河北日报》官方报道，收到了来自北京冬奥组委、张家口市文旅局、张家口市康保县、对外经济贸易大学团委、崇礼洲际酒店等多方的感谢信。与此相比，我更加珍视的是客人们一句句真诚的"谢谢"，客人的认可，也是对一名大学辅导员成长为冬奥住宿区域经理的认可，弥足珍贵。

燕博（左一）身着防护服在工作中

第二章　志愿路
迎难而上　追求卓越

我的"双奥"情

丰　乐
燕山大学里仁学院教师

从 2008 到 2022，奥运会到访中国从夏季走到了冬季，北京成为世界上第一座举办两届奥运会的城市，我的"双奥"梦也因着祖国的不断发展壮大而有机会得以实现。

北京 2008 年夏季奥运会，我有幸成为北京赛区的一名赛会志愿者，服务于主新闻中心区域，负责媒体入场和道路指引工作。那是奥运会第一次在我们国家举办，我格外珍惜这个机会。回想当时的工作，站在 8 月北京的骄阳下，心怀"志愿者是北京最好的名片"这一理念，尽最大热忱服务国内外的观众以及媒体工作者，强化语言、着重细节，尽全力向世界展示中国青年大学生的风貌。

圆满完成夏季奥运会的服务任务后，志愿服务在我心里播下了一颗种子："要是有机会再服务一次在家门口举办的冬奥会，那就好了！"带着这个小小的梦，我来到秦皇岛，开始了在燕山大学的研究生生活以及后来的教师工作。我开始更多地关注志愿服务和公益事业，探访抑郁症儿童福利院、为孤儿院孩子们准备儿童节礼物、参与社区的志愿服务、帮助疫情期间不能返校的毕业生打包和寄送行李……

奥运梦 志愿路 家国情

2015年，冬奥会申办成功，北京、张家口将共同承办第24届冬奥会！2019年，冬奥会志愿者招募启动！一个一个激动人心的消息传来，作为张家口人，我在第一时间打开志愿者招募网站，郑重地敲下我的期盼、我的决心。所谓"念念不忘，必有回响。"终于，我光荣地成为一名燕山大学冬奥志愿者，随母校服务在家乡张家口的赛场，这种感觉很奇妙，也很自豪。跨越山海，游子终于能为家乡出一份力，而家乡的热土、家乡的乡亲父老也看到了燕大人的担当、热情、专业和坚韧。

我所在的古杨树场馆群层面赛事服务领域团队主要负责场馆群主入口的引导、测温、软检、暖棚接待、失物招领、移动助行、信息咨询等工作，为后端场馆引导客流、提供客流预警，方便场馆提前做好观众接待准备，可谓场馆群的"门面担当。"

做观众第一眼见到的最可亲的人和观众离场时最留恋的人，是我们的服务宗旨。古杨树任何一个场馆有比赛，群层面赛事服务都会准时守候。赛前四小时出发，赛前三小时到岗，赛后一小时下班，冬奥、冬残奥期间，团队保持在岗192小时，服务比赛47场，接待观众共26426人次，其中暖棚接待1475人次、移动助行10人次、失物招领29件次。另外，团队还完成了支援安保领域工作人员通道测温16次、支援特许商品店秩序维持22次。崇礼零下二三十度的风雪，赛场内的精彩赛事，我们都陪观众一起见证。领域经理不止一次地称赞："燕大的这些孩子们没有一个请假、掉队的！"燕大人耐得住风雪，也顶得住高压。

2月17日，越野滑雪中心迎来两场比赛，而中间间隔不足半小时，我们团队需要协同场馆完成短时内两个场次观众的离场和入场，而第

第二章 志愿路
迎难而上 追求卓越

一场比赛尚未结束时，第二场比赛的观众已经抵达场馆群却无法入场。如何安置寒风中的这几百名观众？如何控制好观众的停留时间，以保证观众准时有序入场进而保证比赛按时开始？入场和离场观众交叉，秩序如何维持？这些棘手的问题摆在团队面前，需要迅速做出响应。团队成员从容应对，或将观众迎入暖棚，或引导有需要的观众前往纪念品店、邮局和卫生间，并计算好观众前往场馆步行所需要的时间。在与场馆协调好观众出发的时间之后，志愿者耐心而热情地提醒观众前往场馆观赛并做好引导工作。此次志愿服务是跨场馆也是跨高校合作，保证了比赛的顺利如期进行，保障了场馆群的正常秩序，保护了观众避免受冻，得到了场馆的高度肯定和真诚感谢。

燕大人的细心和暖心，也常常得到观众的热情回应。天黑路滑，我们用指挥棒为观众照明、指引；雪天难行，我们为观众铺上防滑垫。观众的一句句"谢谢""辛苦了""冷不冷"常常也让我们的志愿者红了眼眶，这种双向奔赴的关心实在美好。

冬奥、冬残奥的 26 天里，团队成员不畏严寒、迎难而上，以专业的服务、高度的敬业和奉献精神，展现了燕大风采，为盛会的成功举办贡献了燕大力量，团队先后被光明网、《北京日报》、河北经济广播、学习强国等媒体和平台报道，并不断收到来自兄弟领域的感谢信。

成绩的取得离不开开赛前的多次演练、不断打磨。1 月 24 日抵达崇礼，从初次踏勘场馆，到熟悉工作环境，到了解岗位布点、岗位职责、岗位话术、轮岗时间、岗位间配合，再到全流程模拟演练，一次次培训，一次次修改话术版本，我看到团队成员的成长和成熟，由最初对场馆的新鲜好奇，到对工作内容的自信从容，再到对突发事件处理的游刃有余，我一次次为孩子们的进步感到骄傲，另外又担心他们在场馆穿得不够多、吃得又太少。是的，这是一种接近"老母亲"的心理，是2008年时不曾有的体会。

这一次的冬奥志愿之旅，我的身份由一名大学生转变为高校教师，我要做好团队这40个孩子的"大家长"，为学生志愿者做好保障，照顾好学生志愿者在志愿服务期间的工作、心理、生活、安全、学习等各个方面。我的工作包括学生志愿者的培训、激励、心理疏导，以及每日制定团队运行计划，上报团队餐饮人数、出勤到岗情况、健康状况，协调通勤班车，以及与其他各领域（场馆）的配合。我还会走访驻地宿舍，全面了解学生情况并及时提供帮助或疏导。学生宿舍空间狭小，驻地的晾衣架无法施展拳脚，我就拿出了自备的简易晾衣绳；通勤路上经常有同学晕车，我就随身装着晕车药，学会了简单的穴位推拿；条件所限理发不方便，我自备的理发剪就派上了用场。同时我还担任了学校驻地临时党支部的副书记，以及驻地女生宿舍的包联负责人，家人更多了，家长的责任也更大了，我们一起欢度春节，一起给战友过生日，一起庆祝妇女节，一起清扫我们临时的家（所在驻地）的积雪。面临毕业的学生会找我聊聊就业的前景，准备考研的学生会聊聊专业选择的困惑，感情失意的学生也会想找个知心阿姨，虽无法保证能给出一个万全之策，但感谢学生的信任，感谢可爱的孩子们一路走来对工作的配合和支持。感谢茶几上的那朵玫瑰花，每每坐在宿舍地板上上网课的时候都能给眼前一抹幸福；感谢那些蹑手蹑脚的小心翼翼，每每在场馆办公室上网课时都为我撑起一片屏障；感谢咖啡和小食的投喂，每每在熬夜备课的奋战中给予慰藉；感谢那些通勤班车前焦灼的眼神，每每在我上完课冲下楼赶班车时给我一片安心。

无数个温柔的时刻、温暖的瞬间，串联起团队在一起朝夕相处的

第二章 志愿路
迎难而上　追求卓越

点点滴滴，这是一段终生难忘的旅程，因为青春的热情而分外充实、意义非凡。49天的时间，张家口的群山冰雪消融、草木吐露新芽；冬去春来，团队志愿者以实际行动践行志愿精神，兑现了"冬奥有我，请党放心"的承诺，向祖国交出一份满意的答卷。

出征时，5岁的女儿给我打气："妈妈加油！""志愿者"已经在娃娃的心里有了懵懂的概念。

挥别古杨树时，我的学生们恋恋不舍拍照留念，"志愿精神"留在他们青春的笑靥里、在他们坚毅的眼神中。

冬奥来过每一个人的生命，在娃娃的心里播下了种子，在青年的心里烙下了符号，在我的心里留下了一个约定——再有奥运志愿服务的机会，还参加吗？一定参加！

今后的工作中，我将延续"奉献、友爱、互助、进步"的志愿精神，学习体育健儿不畏困难、顽强拼搏的精神，珍惜荣誉珍视机会，苦干实干接续奋斗，勇于承担使命责任，弘扬"胸怀大局、自信开放、迎难而上、追求卓越、共创未来"的北京冬奥精神，砥砺再出发，一起向未来！

丰乐（左一）欢送观众有序离场

奥运梦 志愿路 家国情

你的台前
我的幕后
我们都是冬奥"逐梦人"

高琰宇
燕山大学环境与化学工程学院辅导员

作为我校北京冬奥会闭幕式演员领队，很荣幸能给大家分享在鸟巢精彩绽放的233片"小雪花"的幕后故事。

当听说可以报名参加北京冬奥会闭幕式演出的时候，我非常心动但也很是犹豫。能亲临鸟巢观看闭幕式演出，能为燕大参与北京冬奥会尽一份力，这样的一个机会，谁不激动！但纠结的是，2021年我刚刚结婚，作为新婚妻子，春节我理应到公婆家拜年，婚后的第一个新年因为工作离家，于情于理都不合适。但我的家人都非常支持我，舍小家为大家，亲临世界舞台，见证国家盛事，他们都为我自豪！于是我主动请缨，成为8位领队之一，带着我们燕大的"小雪花"，开启我们的北京冬奥之旅。

盛事面前无小事，在冬奥面前，疫情防控要求尤为严格。进入北京后，我们每天都需要向冬奥组委上报所有演员的行程码、健康码和核酸检测结果，在京30天，从未间断。"小雪花"们早出晚归，整个训练期间都不能使用手机，什么时间上传截图既不影响大家的睡眠，又不耽误我们精准上报，是考验我们领队的第一个难题。我们想了好多方法，最后形成了零点后秒上传，次日出发前最后确认的线上自主上传模式，精准高效。

第二章　志愿路
迎难而上　追求卓越

虽然我们领队们晚睡一些，但能为辛苦排练的"小雪花"们保证更充足的睡眠时间，一切都值得！

这一次冬奥之旅，时间紧任务重，即使"小雪花"们在秦皇岛已经训练了54天，但进京后的合成、修改、联排，依然是一项重大工程。在芦城体校训练的20多天里，"小雪花"们几乎一练就是一天。而我们领队的任务，除了负责排练签到、收发手机、保障安全以外，做好"后勤"服务是我们的职责所在。芦城的临时白帐篷，是大家的休息区，在这个小小休息区里每天最壮观的场景，就是午饭、晚饭和夜宵的发放。燕山大学是北京冬奥会闭幕式演员人数最多的参演团队，每次到了吃饭的时候，短短几分钟我们的"据点"就能排起大长队。刚开始我们规划得不到位，领盒饭的大队伍不是堵了入口门，就是排到了其他团队的范围内，被统筹老师提醒了好多次。在不断改善中，我们明确分工，盒饭、水果、酸奶、筷子专人负责，流水线工作，虽然每天弯腰无数次，但看着大家狼吞虎咽地吃着饭，对我们来说这就是最大的满足！

在每天紧锣密鼓的排练中，春节如期而至。对于大部分"小雪花"来说，这是第一次离家过春节，但其实我也是，我也是第一次离开父母，我也有一年没有回家了！但身在异乡，只有我们是"小雪花"们的依靠！我们提前给大家买了砂糖橘，大年初一早早起来装饰酒店大厅，为了能保证大家有饺子吃，和送餐公司数次沟通。大家穿着喜庆的红色卫衣，化着美美的妆，三五成群地在酒店大厅拍照合影，那么青春和美好，思乡之心虽切，集体的温暖也是治愈的良药。

春节过后就开始在鸟巢集体联排。从没想过，有一天我能对鸟巢如此熟悉！第一次来鸟巢，短短几天，我对从哪里进哪里出，去哪里领耳麦、对讲机，去哪里领衣服、道具、证件，哪里做核酸、哪里开会、哪里能联系到统筹老师等等，都了如指掌。一个小小的对讲机，只要一调到8频，只要有"燕山大学""领队"这些字眼传来，我们忙碌的"鸟巢一天"就会拉开序幕。

2月20日，"小雪花"们迎来了在鸟巢的精彩绽放！有了前一次彩排的经历，最后一次集结，大家迅速高效，没有一个人迟到，没有一个人掉链子！大巴车在奥运专用通道飞驰，"小雪花"们虽然睡眼惺忪，可眉眼间的喜悦和期待却藏也藏不住。闭幕式演出中，60片"小雪花"化身红色丝带，串联成中国结，向运动员传递着团结一心，共创未来的理念；165片"小雪花"汇聚场中，与观众挥手告别，大家用热情洋溢的笑容、青春灵动的身影，为世界奉献着一场精彩绝伦的视听盛宴；而我们8名领队，正是"小雪花"们背后的见证者，感动着他们的付出，助力着他们的成功！我们没办法在现场观看，坐在休息间里，一眼不眨地看着直播，手里还握着对讲机，生怕错过任何一个需要传递给"小雪花"们的消息。手机里传来的音乐和现场的音乐彼此缠绕，没办法在现场看着国旗升起，但五星红旗，永远在我们心中高高飘扬！

在北京的一个月，要说最感谢的，那肯定是我的另外7位领队同事！无论再忙再累，我身边都有一群温暖又给力的伙伴，今天你不舒服我能顶上，你累了休息我去！有人擅长教育引导学生，有人擅长对接统筹和导演，有人心思细腻考虑事情周全，有人点子多，是大家的开心果！遇到累活大家都抢着干，谁也不会退缩！因为离家远，我们只能通过电话、微信和燕大的家人联系，现在回想起来，往往联系的都是些不太愉快的事情，有的同学因为不合规定被警告了，有的同学跳舞崴脚了，有的同学健康码出现弹窗了，一个月的时间，从遇到问题只知道求助，到能自己处理大部分棘手问题；从遇到事手忙脚乱急赤白脸，到能冷静分析平静处理，

第二章 志愿路
迎难而上　追求卓越

我们也见证着彼此的成长和进步。

从冬奥会回来，在校园里见到"小雪花"们，他们热情地和我打着招呼，一瞬间就把我拉回到2月份的北京，仿佛看到了在芦城体育场休息棚里大家狼吞虎咽吃饭的场景，夜晚返程的大巴上大家倚着座椅靠背疲惫的身影，鸟巢大舞台上大家穿着漂亮的演出服尽情表演的一帧帧一幕幕……鸟巢的绽放，是燕大"小雪花"们的荣光，也是我们领队老师们的骄傲！短短86天，我们把汗水洒在了这个世界瞩目的舞台上，我们让世界看到了燕大人骨子里的奋斗基因、工匠精神、卓越品质和家国情怀！

最后，我想对每一位演员说，何其有幸你们能参与盛事，见证历史，你们是冬奥会灵动的雪花，你们更是燕大永远的骄傲；我想对我的同事说，很荣幸与你们相识，冬奥的战场我们从容而归，未来的战场我们继续携手共进，勇往直前！台前幕后，我们都是冬奥"逐梦人"，一起追梦，一起向未来！

高琰宇（三排左七）作为领队与冬奥会闭幕式总导演张艺谋合影

奥运梦 志愿路 家国情

从观赛服务保障出发
做一朵热情的雪花

魏 东

燕山大学材料科学与工程学院团委书记

从第一时间报名冬奥会志愿者，到系列培训和赛前全流程演练，从"燕山雪花大如席"到"一起向未来"，奥运之火再次在"鸟巢"上空燃烧，2022年初，我迎来了人生中最不平凡的一段经历。

在国家冬季两项中心赛事服务领域，有这样一群人，他们用11个人的热情温暖了这个寒冬。观赛服务保障模块主要负责观众观赛物资整理分发、满足观众取暖需求、规范物资出库入库流程、发放志愿者激励保障物资和餐饮需求保障等。

我们把温暖融入细心的准备。作为国家冬季两项中心赛事服务领域主管中唯一没有参加测试赛的我，多次向经理和其他主管请教经验，充分发挥团队合力，以尽快转变角色适应工作岗位。赛前和休息日，我们都会召开工作部署会和经验总结会，以便能够为不同特点的观众提供最优质的服务。

每个比赛日前准备好观众的观赛物资，拆分、清点手摇旗和装饰眼镜成为必不可少的工作。在赛事期间，我们共发放观众保障物资30000余份，服务观众10000余人次，发放志愿者激励物资50多批次、

第二章　志愿路
迎难而上　追求卓越

1000余项。开辟存放间供轮班志愿者休息，准备好热水、面包、速食食品等方便志愿者补充能量，以饱满的热情更好服务观众，看到志愿者"满血复活"后的一张张笑脸，我的内心也充满了欢乐。

我们用温暖融化了满天的飞雪。雪国崇礼果然名不虚传，在比赛期间，崇礼下了5场漫天大雪，为了给观众提供良好的观赛体验，必须在观众到来之前就把观众看台区打扫完毕。每次我都组织志愿者早早出发，到达场馆后立即组织清扫看台，做到了以雪为令、随下随清、雪停路净的标准。因为有赛前训练，在训练时看台区的积雪清扫用不了吹雪机，志愿者们便扛起铁锹、扫帚行动起来。先用铁锹将积雪铲一遍，然后再用扫帚细细地把边边角角扫一遍，最后再把大量积雪装箱清理出看台区。记得有一次，在完成除雪工作后，赛事服务领域的志愿者和清废、医疗领域的工作人员一同用清扫完的积雪堆出了栩栩如生的"冰墩墩"，欢迎观众的到来，为场馆增添了冬奥氛围。

在清扫过程中，志愿者们互帮互助、士气昂扬，表现出了乐观向上的品质，发挥了特别能吃苦、特别能战斗、特别能攻关、特别能奉献的精神。清扫过后，我们的帽子、眉毛、头发、眼睫毛全部挂上了冰霜，但是身上和心里是暖洋洋的。通过集体劳动，我们的关系更加亲密，友谊更加深厚。

我们把温暖长留于观众的心间。"哪里有需要，哪里就有观赛服务保障"成为普遍共识，以服务温情温暖寒冬，用赤诚之心感动你我。在志愿服务中用最真诚的心为观众打造宾至如归的体验，在冬两场馆留下美好的志愿印记。在志愿工作过程中，有许多令人感动的事情，与体育展示婚介的亲密互动、志愿者之间的加油打气、观众朋友的理解与感谢、运动员向我们招手示意都是一次次的双向奔赴。

奥运梦 志愿路 家国情

初见时的热情——心中的热浪喷涌而出。寒风中手持观赛物资，热情迎接每一位观众，检票大棚旁"祝您观赛愉快"的暖心问候迎来观众们的笑颜，换来"志愿者们辛苦了"的殷切回应。及时回应观众关切，在与观众的初次相遇中留下深刻印象。

又见时的热情——身上的温度悄然提升。"请您科学佩戴口罩，保持安全距离，进行手部消毒"，在观众取暖区也发生着一件件温暖人心的小事。手消每天放在空调口吹一吹，让其不再冰冷；用来计时的三色冰墩墩卡片，让观众们不再"一墩难求"；为有需要的观众送上暖贴、应急口罩等，春天般的温暖如约而至。

复见时的热情——话语的温度直抵人心。我们将赛程和观赛指南写在白板上，并发挥自己的才能画上了冰墩墩和雪容融。观众们在白板上也留下了夸赞：志愿者小伙、姑娘们棒棒的！有位观众的留言让我印象深刻：残奥健儿的顽强拼搏精神深深打动了我，我真正明白了生命的意义、生命的力量，明白了什么叫作自强不息，明白了要以平等和善意对待残疾人才是对他们最大的尊重。

再见时的热情——暖心的送别常伴左右。每次比赛结束，我们都会将观众送到检票大棚，观众们的热情回应也让志愿者卸去了疲惫。"予人玫瑰，手有余香"，参与志愿者服务，奉献的是汗水，体验的是感动，净化的是心灵，收获的是快乐，提升的是境界，实现的是真正的人生价值。这次志愿服务经历让我有机会与我热爱的冬奥事业共同成长，对这份事业满怀责任感是我们不断奉献的动力。

"服务保障，我们很棒！"这不仅仅是一句口号，更是精益求精的追求。能够参加北京冬奥会和冬残奥会志愿服务工作，是人生难得的机会。作为一片燃烧的"雪花"，用微笑与奉献诠释奥林匹克精神

第二章　志愿路
迎难而上　追求卓越

和志愿精神，呈现我们这代中国青年在壮阔的新时代去奋斗的"高光时刻"，用实际行动谱写新时代青年奋斗之歌，为"简约、安全、精彩"的奥运盛会贡献青春力量，让青春理想在冬奥志愿服务工作中闪光！

冬奥有我们，一起向未来！

魏东（右二）为观众分发保障物资

魏东在看台服务观众

奋斗
无论在冬奥还是在远方

林泽政

燕山大学电气工程学院 2018 级本科生

我服务于国家冬季两项中心赛事服务领域。我的冬奥故事，是从一段很平常的聊天对话开始的。那天中午，我刚刚参加完培训，突然收到联络群里发出的一条通知，场馆临时需要 8 名闭环外志愿者调入闭环内，工作内容未定。

冬奥会的闭环管理，就像一个鸡蛋，对于境外来华的人员，从入境抵离到餐饮、住宿、训练、比赛等等都是在一个独立的环境下进行的，与之相接触的志愿者都只能在冬奥场所的特定空间内活动，也就是闭环内。而闭环外的志愿者主要服务不涉及出入境的国内观众。闭环内就像鸡蛋黄，而闭环外就像鸡蛋清，在没有外界影响下，它们是互不干扰的。

从闭环外调入闭环内，意味着从只接触国内观众的工作调到接触境外来华人员的工作，意味着从防疫压力相对较低的区域调到相对较高的区域，而当时的我并没有意识到这些，只是想着："如果总要有人负重前行，那这个人为什么不能是我呢？"在看到通知后，我并没有犹豫，第一个报了名。就这样，我和其他 7 位燕大小伙伴一起，告

第二章　志愿路

迎难而上　追求卓越

别了闭环外赛事服务的大部队，走进了场馆闭环内，开始了我们与众不同的冬奥之旅。

每一位参与冬奥的工作人员、志愿者以及运动员都有一张象征身份的注册卡。由于冬奥会疫情防控要求，场馆进行了详细周密的分区管理，注册卡最下面一横的不同颜色和数字都代表着不同区域的"钥匙"，在最大限度上降低了交叉感染的可能性。我的"钥匙"是白色，代表只允许进入公共活动区域。我身边其他工作人员的注册卡，4区代表媒体工作区，5区代表转播工作区，蓝色代表可以进入比赛场地，红色代表可以进入运行管理区。和他们相比，我的注册卡就像一片空白，在工作时还必须同时佩戴升级卡作为进入工作区域的"钥匙。"也正因这样，我的这张白色注册卡成为场馆闭环内最独特的8张之一。但令我没想到的是，这张身份注册卡，不仅成为我们与众不同的自豪回忆，也成为我们工作中最主要的查验对象。

所有的志愿者在培训期间，都会对自己将要服务的岗位工作内容进行学习，但我们八个始终都是一头问号，我们要干什么工作，什么时候上岗？完全不清楚，接到的通知只是让我们继续等待安排，直到1月25日到达场馆，第一次参加工作会议和实地踏勘，心中的疑问才被一一解答。

我们的岗位是闭环内通行控制，工作内容就是在各个验证点，对过往人员的注册卡进行身份查验，能不能从这过，完全取决于你注册卡上有没有我要的"钥匙。"大家可能觉得这样的工作应该会很轻松，但事实却正好相反。

我们的工作特点随时变化，刚开始工作时，我们所需要查验的注册卡上的"钥匙"有很多，我们本以为只要全部记住，就可以轻松应对。

但冬奥会最确定的事情就是不确定，场馆的运行情况每天都在变化，"钥匙"的种类也在不断增加，有飘带样式的、入场券样式的还有袖章样式的等等，甚至还出现了没有"钥匙"的。截至冬残奥会结束，"钥匙"的种类已经发展到了8种之多，每当新的种类出现，我们都会进行一波头脑风暴。

我们的工作日常是全天候无间断轮班上岗，早上7点到达场馆，晚上9点回到驻地。在崇礼的两个月，场馆开放的每一天，我们都在岗位上，从未缺席。那段日子里，交通领域为了配合我们的通勤时间，专设了一趟早上六点半的班车。我们经常开玩笑地说，看，这是我们价值150万元的专属座驾。

我们的工作环境是全程户外低温，很多老师和同学都来自东北，对零下30℃可能并不陌生，但每天都要坚守在这样的环境下站立工作约8小时，是所有人都不曾有过的体验。海拔1700米的山谷风能轻易将你吹透，即使穿上了五条裤子，三件外套，身上贴满了暖贴，膝盖也会不自主地颤抖起来。甚至有一次执勤的女生晕倒了，正在休息的男生立刻顶了上去，一个人站两班岗，回来的时候，就连弯腰坐下这样简单的动作，都进行得非常困难。

我们的工作状态是精神高度集中，在赛时，每个验证点的人流量都非常大，最多的时候可以达到每分钟通过30人，这是一种怎样的体验呢？我们要保证每人次的查验时间在2秒之内完成，当然这还不包括向注册卡"钥匙"不对的人员提供信息帮助的时间。这对我们来说是一项不小的挑战，即使身后是"金墩墩"和刚刚获奖的中国运动员，我们也不能有丝毫的分心，稍不留神，就可能让没有"钥匙"的人员进入不应该进入的区域，如果进入的是比赛场地，可能就会影响正在

第二章　志愿路
迎难而上　追求卓越

比赛的运动员；如果进入的是连接闭环外的区域，可能就会打破闭环管理，出现破坏的情况。毫不夸张地说，我们就是场馆的最后一道防线，一丁点的工作疏漏都有可能让整个场馆的疫情防控和比赛的正常运行毁于一旦。

听到这里，可能有人会问，工作又苦又累，再给你一次机会，你还会选择调进闭环吗？我会毫不犹豫地告诉他："会，一定会！"如果总有人要负重前行，那么我希望这个人能是我，冬奥志愿服务是国家大事，作为一名燕大人，主动承担更艰巨的任务，本就是我们应该去做的。我不仅会主动申请进入闭环，更会尽全力将工作做到最好！

不知道大家还记不记得在冬奥会闭幕式上的播放的志愿者短片，短片中出现的一位志愿者就是我们闭环八人组中文法学院的吕玉森。大家有没有注意到，他的胸前还带着我们漂亮的校徽，这是我们工作最真实的写照。即使面屏已经结满了冰霜，即使身体已经不自觉的发抖，我们也会热情地向每一位查验对象挥手问好，以最饱满的状态来站好每一班岗。

在冬奥会的最后一天，结束了最后一班岗的工作后，我们和闭环外的志愿者们，隔着栏杆相见，拍下了一张全家福。这一刻，我真的感觉到了家的温暖，我们并不是独自在战斗，在我们八个人身后，有闭环外那么多兄弟姐妹的支持与鼓励，无论多么艰苦，我们都会咬着牙坚持下来。

参加冬奥会志愿服务是一段难忘的记忆，能调入闭环内工作，我感到无限的自豪，但冬奥会的结束对我来说意味着新的开始。

2021年9月，我毅然选择了报名研究生支教团，选择为祖国的西部贡献自己的一份力量。作为一名参加过冬奥志愿服务的支教老师，我不仅会为孩子们带去知识，更会将我在冬奥会中的所见所闻所感带到祖国的西部去，为孩子们讲述属于我们燕大人的冬奥故事。当然也包括我那张白色的注册卡，到时候，我会骄傲地和孩子们说："看，这就是老师在冬奥会的那张特殊的身份注册卡！"选择进入闭环工作，身后是共同战斗的兄弟姐妹们，有他们在闭环外支持着我们；而选择去西部支教，身后是已经年过百岁的伟大母校，有她在山的那边挂念着我们。无论是在冬奥还是在西部，我们都是燕大的孩子，艰苦奋斗是刻在我们骨子里的基因。生逢其时也应当不辱使命，奋斗吧，无论在冬奥还是在远方！

林泽政（左一）为国外工作人员提供信息帮助

第二章　志愿路
迎难而上　追求卓越

岂曰无衣 与子同袍

高梦雪
燕山大学经济管理学院 2020 级本科生

2021 年 11 月 26 日，秦皇岛 415 名被选中的小舞蹈家们在秦皇岛市奥体中心集结，很荣幸我也能够作为其中之一，参与冬奥。偌大的篮球场鸦雀无声，大家都静静地听着导演们的介绍，等待着导演们的分组。幸运的我被分到了梦寐以求的一组，暗暗幻想着在舞台上从开始跳到结束的样子。分了组之后，导演组长进行了动员讲话，认真听，认真记，但最振奋人心的还是那句"岂曰无衣，与子同袍"，这也燃起了我们每一位同学心中的熊熊斗志。拿上属于我的红色 A46 号服，我的冬奥闭幕式热场训练之旅正式开启。

奥体中心的网球馆成为我们青春一组的根据地。作为叠加式表演的主责小组，我们需要完成长达半个小时的热场表演，同时记住六个组别的所有动作以及队形。没有烦琐的互相认识的环节，相视一笑，大家便直接投入到动作的学习中。仅三天，我们便学完了所需的所有动作，第四天带上道具，第五天开始编排队形，第六天按照新思路重新编排，第七天更加细化……经过不断的调整，一版又一版，表演节目《青春》的雏形逐渐展现。在松了一口气的同时，我们也惊叹于自己竟然在这么短的时间里完成了一件强度这么大的任务。没有过多的放松，排练的紧张进程不给我们这么多胡思乱想的时间，稍作休整便又迅速投入到了与二组、三组动作队形合成的安排中。由于舞蹈风格与我们之前所接触的大相径庭，所以前期的磨合中，比起记动作，找状态是我们觉得更难的事情。但在导演的一步步指导下，我们渐入佳境。又是两周，我们进入了奥体中心三千多平方米的大场地进行六组大合排，后三组的动作在排队形的空隙铺给我们，所以那段时间我们开启了最强大脑模式，3个组的动作和整体队形的位置都要记得清清楚楚，还要面对换动作的考验。20多天，整场表演的大框架基本成型，此后我们不断修改、合成，再修改、再合成……直到最后基本锁定。我们

高梦雪与冬奥会闭幕式演职人员在秦皇岛市奥体中心排练

第二章　志愿路
迎难而上　追求卓越

的排练也渐渐进入平稳期，大家心中的澎湃与激情在逐渐消退，这是长时间演练工作中不可避免要面对的问题，直到最后导演的那一句"我们一起去鸟巢看国旗升起！"又将绵绵不断的感动与决心重新拾回进我们心中，经历过风雨，我们的信念也变得更加坚定与强烈。

最难忘的是第一次外场合成排练。已经不记得是哪一天，只能记得每个人口中呼出的白气；红色跑道间那一抹抹黑色的身影；五米看台上导演荡气回肠的声音；还有穿梭在各组之间，导演们努力调整我们的手型；最后夜幕降临，我们手中自发亮起的闪光灯，每个人的声音早已沙哑，却依然响彻在整个体育场的上空……那天我们都在为这第一次成功的外场合成而欣喜激动着，都在为自己是这场盛大晚会中的一员而感到骄傲，都在甜甜地幻想着到达鸟巢的精彩绽放，丝毫没有注意到结束时间比原定晚了一个小时。即使是已经结束躺到了宿舍的床上，每一个场景，每一个点位，每一段音乐，都不断地在我的脑海中闪现，暗暗期待着进京的日子。

星光不负追梦人，终于到了我们启程进京的日子了。那天，穿上统一的服装，我们在奥体广场给来送行的所有老师和同学跳了在秦皇岛的最后一遍热场，直到坐上了进京的大巴车，那颗心还在扑通扑通地跳着。我们的向往、热情、决心填满了这四个小时的车程。到达后，排练便紧锣密鼓地开始，为20日的第一次在京展示精心准备着。1月20日那天，我们拿上了新的道具，穿上了写着我们每个人的名字的演出服。在北京的第一次展示，我们用尽了全部力气，获得了经久不息雷鸣般的掌声，即使没在鸟巢，也让我们感动不已，觉得这一切都非常值得。结束之后，导演带着我们又将口号喊了一遍又一遍，我们的声音冲出了训练场，传到了鸟巢……后续几天，我们和闭幕式的其他节目进行合成，看完了开幕式，便就一直期待着进入鸟巢的"圆梦"之旅。

慢慢的，我们迎来了第一天进入鸟巢彩排的日子，那是2月11日。起床时，天上还挂着昨夜的星星。栅栏外路过的行人无不向我们挥手加油，让我们感受到这场盛会被所有人关心着。鸟巢的排练计划有条不紊地进行着。2月18日，是我们的第二次全要素彩排，彩排间隙，我们偷偷去了观众席，去感受那四万分之一的体验，看完了主体节目的我们无不瞪大双眼，张大嘴巴，心中满满的震撼，被撤掉节目的遗憾和委屈瞬间被抹平，因为我们真正感受到，每一个人都在用最大的努力让这场盛会更加完美，同时也满怀期待着2月20日最终表演的精彩纷呈。尾声结束后，导演给了我们在中心区域拍照的机会，我们十分兴奋，渴望将每一个瞬间都定格在自己的手机里。

当闭幕式来临之际，我们再一次坐上大巴车，还是那个普通话不太标准的司机，还有那个总被碰掉的垃圾桶，仍然坐在永远不会晕车的第一排，拿着正式演出的最后一张证件，再一次踏入这个洒满了我们汗水的训练场地。候场时，停留在那个站了无数次的2号备场口，望向舞台中心一直闪耀的雪花，眼中也变得星星点点。终于轮到我们上场，走向舞台，带领观众一起欢呼迎接习近平总书记和巴赫主席的入场！我们穿着彩衣热烈跳跃，与台下观众的欢呼相映生辉。走出舞台，我们围在等候区的电视机前与全球观众一同观看。精彩之处的共同欢呼，国歌响起时的共同歌唱，折柳寄情处的共同鼓掌。这样一个万众一心，国泰安康的画面，不由得让我在心中呐喊我们的那一句："岂曰无衣，与子同袍！"

2022年第24届北京冬季奥林匹克运动会闭幕式在2月20日晚正

第二章　志愿路
迎难而上　追求卓越

式落下帷幕，作为参与其中的一分子，无论表演时长是多是少，无论表演位置是否中心，都为之感到无比自豪。即使自己再渺小微弱，也能为了那一片熠熠生辉的星空，散发出自己全部的光亮。最后，我们成为真正的同袍兄弟，与子偕作，更与子偕行！

高梦雪与部分冬奥会闭幕式演职人员在鸟巢外合影留念

奥运梦 志愿路 家国情

台前有美好 幕后有付出

宫军军

燕山大学建筑工程与力学学院辅导员

我入职担任辅导员的两年时间里,有些认知相较学生时代发生了变化,但有些又没变,甚至更加坚定,志愿服务算是一个。正如学生时代不假思索地报名去偏远山区支教,这次也一样。虽然知道选拔成功将意味着错过一个全家团圆的春节、舍弃一个寒假休憩的时光,我还是义无反顾地抓住了最后的报名机会,成为一名光荣的冬奥志愿者。

2021年10月8日起,我借调至校团委,开始北京2022年冬奥会燕山大学志愿者的管理工作。从那时起,学院的日常工作只能安排在上午和晚上进行,下午集中在校团委办公,晚上和周末不加班的情况极少。从信息库完善入手,一次次的信息统计让我对这个300余人的志愿者名单迅速熟悉,越熟悉这群人就越加热爱这项工作,此后微信好友多了一个分组:冬奥学生志愿者。这是一支在全校范围内层层选拔优中选优组建的有爱队伍,很多同学都是专业中的标杆榜样。同学们的朋友圈中时时出现一些精彩的体验和耀眼的成绩,每当刷到这些时我会有一些私心,真希望我带领的学生可以像这群优秀的学生看齐,把自己的大学生活过得精彩充实。

第二章　志愿路
迎难而上　追求卓越

随着服务日期的临近，培训工作越来越密集。临近考试周，同学们面临着繁重的课业压力，但是大家克服一切困难参加培训，培训中途的休息时间同学们都不肯浪费，带着书本在现场复习专业知识。

为了锻炼大家的抗寒能力和增强体质，我们安排志愿者每天早上 6 点钟分别在东西校区操场集合晨跑，有时志愿者们结束跑步，捂着冻得通红的脸蛋回到宿舍，其他的舍友还在睡梦中。身体上是累的，但是大家又都知道，想高质量完成服务工作，体能锻炼是必须。虽然嘴上有"抱怨"，但谁都没有停下锻炼的脚步，每位志愿者都在紧锣密鼓地全方位提升自己。在这个集体里，有一股力量推动着大家一直前进。

在寒假的培训工作之余，我们增加了几场羽毛球友谊赛，看着东西校区的志愿者们聚在一起，团队作战，大家不断地交流和磨合，我真切感受到了燕大学生志愿者身上的热情，想到这些孩子代表燕山大学奔赴冬奥会的赛场，我就感觉很踏实、很放心。

一场大型赛事志愿服务的顺利完成，不只有志愿者群体的倾心服务，还有学校保障团队不遗余力的付出。为了做好志愿者保障和激励工作，学校团委多次与宣传部、教务处、研究生院、财务处、学工处、双创中心、后勤服务中心以及相关教学单位进行方案交流，力争把对学生的各方面保障做到位，让志愿者们安心服务。一份《北京 2022 年冬奥会和冬残奥会燕山大学志愿者保障激励方案》前后推敲了 10 余遍，才最终定稿。

北京 2022 年冬奥会、冬残奥会燕山大学志愿者及演职人员誓师大会，全场整齐的挥旗环节被大家做成了表情包，让人感到震撼的不仅是 30 余名志愿者牺牲了两天午休时间锻炼出来的挥旗气势，同时也有全场志愿者饱满的精气神。当现场大屏幕上出现多位运动员为志愿者送来的祝福时，全场沸腾，最终呈现出了一场圆满的誓师大会。

为了提升志愿者的幸福感，我们在坚持美观性、实用性和纪念性的基础上，结合冬奥会和冬残奥会的属性，创作和设计了多款彰显燕山大学特色的保障和激励文创产品。大家喜爱的燕大志愿者定制版帆布包、充电宝、口罩、证件套、行李贴等等，都经历了大大小小的多次调整，最后成功送到大家手里。考虑到张家口冬季的严寒天气，我们为大家准备了暖宝宝、暖足贴、防冻霜、防雾湿巾等多款严寒天气下的必备物资。

学校为冬奥志愿者配备了服装，然而选服装样式也是一件操心事：什么样的材质最抗寒抗风，什么样的款式男女穿着都合适。一桌子的样衣到货，我们就成了人形支架，穿上衣服摆成一排开始互相点评，办公室成了选品现场。当把衣服发到手，同学们穿着志愿者专属棉服和冲锋衣晒照时，选品成功的喜悦让我们加班都更有干劲了。

有幸参与前期的筹备工作，成为燕山大学冬奥会志愿者管理团队中的一员，我见证了全体志愿者和管理团队成员的倾心付出，工作点滴体现了"奉献、友爱、互助、进步"的志愿精神和燕大人文化品格的完美交融。

奉献冬奥是燕大人的光荣使命，是燕大人"奋斗基因、工匠精神、卓越品质、家国情怀"文化品格的生动实践，是"一起向未来"的重要力量。这一抹燕大蓝在冬奥赛场上绽放得更加绚烂！

第二章 志愿路

迎难而上　追求卓越

宫军军（一排左二）在赛后与看台观众合影留念

宫军军作为冬奥青年先锋队成员自发清理路面积雪

"三进三出"：
关于崇礼、关于冬奥的那些故事

史梓锐
燕山大学体育学院
2021 级硕士生

我是摄影运行领域志愿者，冬奥让我经历了"三进三出"崇礼，接下来便是关于我和冬奥的那些事。

我还记得第一次真正意义上知道北京冬奥会是在 2015 年 7 月 31 日申奥成功的那天，记得当时还想着到时候可能会和家人一起看开幕式。但是，怎么也不会想到，自己能够参与到这场奥运盛会中。

时间回到 2019 年 12 月 5 日，这天是北京冬奥会志愿者招募开始的日子，当时我已经是一名即将毕业的大四学生，凭着自己对体育的热爱以及对奥林匹克的向往，在招募的第一天就报名了志愿者。但是随着毕业以及之后的工作，这件事也就不了了之了。不曾想，2021 年我考回燕大攻读硕士研究生，我和冬奥的故事再度展开。

2021 年被燕山大学录取为硕士研究生之后，我参与了冬奥志愿者媒体运行领域的补录，9 月初回到学校之后，我正式开始了"志愿者"的征程。9 月底，我接到了一个"任务"——要在校迎新晚会上组织志愿者表演一个冬奥相关的节目，之后我也就经历了从招募演出志愿者到排练节目，最终顺利完成演出任务。《燃烧的雪花》展现的就是我

第二章　志愿路
迎难而上　追求卓越

们每一名志愿者，就像一片片小雪花，勇敢地奔向冬奥赛场，正如歌词里写的那样，"梦想照亮天与地，勇敢的出发。"

2021年12月26日，燕山大学34名师生志愿者奔赴张家口赛区参与国家冬季两项中心国际测试周的志愿服务工作。这是"三进"崇礼的"第一进"，而我有幸作为其中一员，首次来到国家冬季两项中心、"雪如意"、冬奥村等奥运场馆，感受到了无数工作人员为冬奥的付出。

冬季两项国际测试周期间，所有工作人员还都处在闭环外，所以我们在运动员训练期间，只能在看台席上远远地望向他们，看着他们优雅的身姿，伴随的是那雪板每一次触碰雪场发出的悦耳声音。虽然暂时还接触不到运动员，但是每天的工作却一点也不少。首先需要接待来自国内外的摄影记者，这些记者都是符合相关防疫政策的人群，我印象特别深的是当时第一次接触到央视体育的记者，感到特别激动。因为我本身也是一个体育迷，所以当时真的感觉就是"电视里的人出来了"。在这期间，我们也参观了"雪如意"、国家越野滑雪中心、富龙滑雪场和冬奥村，对于张家口赛区有了一个比较全面的认识。

很快，来到了测试周工作的最后一天，同时这也是2021年的最后一天，完成一天的工作之后，场馆为所有工作人员准备了晚餐。在晚餐之前，我还有幸在"雪如意"观看了习近平总书记的新年贺词，备受鼓舞。我印象比较深刻的一句话就是"对于冬奥会，世界期待中国，中国做好了准备"。

2022年的第一天，我们一行34人启程从崇礼返回秦皇岛，距离正式开始志愿服务工作也就20多天了，可这次我们却不太舍得离开崇礼。但是，这次返校，我们也是要为之后的工作蓄力，因为我们要开始参加校内的冬奥集中培训了。

奥运梦 志愿路 家国情

2022年1月18日，我参加了志愿者服装的领取工作，也就是将燕山大学300余名师生志愿者的全部冬奥制服领回学校，这已经是我第二次前往崇礼，还是同样的路程，我们制服领取组27人奔赴张家口，圆满完成了学校交给的任务。这个工作一直到20日我们返回学校并将所有制服发放到志愿者手中才最终结束。

时间很快来到了1月24日，我们所有志愿者要奔赴崇礼，正式开始志愿服务工作了，我也作为2号车的车长，负责组织本车的同学以及处理路上各种突发状况。出发之前，我们在图书馆前组织了大合影，校领导以及各学院领导都来送我们出发，全体同学都非常激动。随之而来的是8个小时车程，这已经是我第三次来崇礼了，但全程真的很激动，对于即将到来的冬奥，我们充满信心，燕大与冬奥，一起向未来！

冬奥会真的来了，从申办成功到见证北京成为世界上第一座双奥之城，我们都需要在自己的岗位上作出应有的贡献。作为一名摄影助理，我的职责是为摄影记者提供及时有效的服务和帮助，并做好赛时摄影位置的监管。在冬奥会开幕之前，我需要带各国注册摄影记者去摄影点位踏勘，熟悉点位的分布，帮助摄影记者们解决问题，这期间，我单独带领过新华社、路透社、盖蒂图片社、法新社、朝日新闻等十余家新闻机构的注册摄影记者进行点位踏勘，并对摄影记者提出的问题进行一一解答，也获得了国内外摄影记者的一致好评。冬奥开始之后，我们的岗位要面临零下二三十摄氏度的气温，在室外可能一待就是2小时。其他人员的工作点位相对来说比较固定，而我可能就是哪块有问题就要去哪补位，处理岗位出现的突发状况。

到了冬残奥期间，赛场开辟了西侧山谷赛道，并且赛程更加紧密，赛事开始的时间也较早，我们需要很早就前往场馆开始工作。在整个

第二章　志愿路

迎难而上　追求卓越

史梓锐（右一）在为新华社记者提供服务

冬奥会和冬残奥会期间，我还有一个重要的工作，就是每天和外籍经理沟通第二天的排班事宜，印象特别深的是，基本上每天回到驻地我都是躺床上就睡着了，但是到晚上八点左右就醒了，可能也成了一个习惯，因为这个时间需要赶紧在群里发布第二天的排班安排，这样也便于大家更好地安排第二天的工作和学习。整个北京冬奥会和冬残奥会期间，我的志愿服务时长达到了380小时，日均服务时长在8小时以上。

　　回想整个冬奥服务期间，印象比较深的就是结识了一群非常好的朋友，尤其是我们的外籍经理，他叫 Justinas Kinderis，是一名现代五项运动员，还曾经得过世界冠军。从最开始见到我们，就非常热情，他的口袋里永远都会有一些小礼品，随时准备着送给我们，在最后离开的那一刻，志愿者都流下了眼泪，最后他给我们中方经理发消息，说永远不会忘掉我们，这是一段美好的回忆。我们也很感谢他，我也很荣幸让他知道了中国有一个重情重义的男孩子叫Oscar。

　　三次前往崇礼，工作虽然不同，但都是为了祖国的冬奥事业。作为志愿者参与到冬奥之中，不只看到了冬奥会和冬残奥会的成功举办，也看到了成功背后许多人的努力付出。无数志愿者、安保人员、医务人员、餐饮人员等的辛勤工作，各个部门机构的协调配合，还有那虽然落后但仍坚持跑向终点的竞技者……正是这样一群人的付出，才呈现了一场世界盛会，感谢祖国，感谢为冬奥贡献力量的每一个人。冬奥因我们而精彩，一起向未来！

第二章 志愿路

迎难而上　追求卓越

保持一颗奋斗的心

刘朋岳
燕山大学信息科学与工程学院 2020 级本科生

北京，全球首个既举办过夏季奥运会又举办过冬季奥运会的城市，是名副其实的"双奥之城。"回想 2015 年 7 月 31 日下午，当听到国际奥委会主席托马斯·巴赫先生宣布 2022 年冬季奥运会举办城市是北京的时候，相信大家和我一样为自己的祖国感到骄傲，为生活在这样一个国家而自豪，由此，一个冰雪梦便植根于每个中国人的心中。

人，因梦想而伟大。在冬奥会期间我服务于张家口古杨树场馆群国家冬季两项中心技术业务领域。技术领域人员不多，但却承担着与其他各个业务领域的对接工作，需要负责网络、电脑、打印机、音视频、会议系统、计时记分、成绩处理、气象监测等多方面的工作，每日的工作量是非常大的。

"辛苦大家一下，请大家帮忙干点活。"这是我听过经理对我们说过最多的话，每天他都会带着我们到各领域巡检设备，搬运设备。经理身先士卒，以身作则，志愿者们也都尽职尽责完成工作，赛时甚至不少同事连午饭都来不及吃就要返回赛道继续工作。我个人也是每天坐最早的班车到达场馆，保障与北京主调度中心的联系畅通，同时负责瞩目会议系统的正常运行，并且几乎每一天我都会主动加班到很晚，帮助其他同事完成工作后一起下班。在我们心中，"一起向未来"不是挂在嘴边的口号，而是需要我们大家一起努力，付诸行动，从点滴做起。

冬奥会结束，我们进入为期十天的转换期，这段时间里有同事离开岗位，同时也有新同事的加入，标志由"冬梦"变成"飞跃"，吉祥物由冰墩墩换成了雪容融，值得关注的是场馆各处新增了无障碍通道以方便身体存在障碍的人员通行。

在冬奥会中，我看到的是工作人员的努力，而在冬残奥会中，我更多关注的是运动员们的拼搏。冰雪项目并非我国运动员的强项，之前参加的几届冬残奥会中仅收获一枚奖牌，但这次在家门口的比赛中，我国运动健儿们一次又一次地刷新着记录，书写着历史，而我有幸成为这一切的参与者和见证者。

冬残奥会的运动员们让人们看到，身体障碍并不能限制他们的梦想，反而会激励他们更加努力拼搏。一次次在风雪中摔倒再爬起来继续训练，尽管脸上、衣服上的汗水已经结成冰块，眼睫毛上已经结了厚厚的冰霜，但他们不曾停下，继续向前，只有这样才能站在顶峰。本届冬残奥会中国首金获得者刘子旭就说："我一直坚信生活从来不会辜负一个努力坚持的自己。"虽然这一路充满了艰辛，但也正是种种挫折和磨炼造就了这样的运动健儿。还记得冬残奥会开幕式时中国代表团的旗手郭雨洁吗？她在3月5日冬季两项女子短距离（站姿）比赛中也斩获了金牌，她接受采访时说的一句话让人十分感动，她说："我希望能用自己的金牌告诉大家，残疾人一样可以站在世界最高领奖台上，不要因为是残疾人就自怨自艾，要重拾自信。"

不仅仅是中国的运动员，许多国外运动员也向我们展示了奥林匹克精神，我看到过坐姿运动员在赛道下坡滑行时摔倒后艰难地爬起，不停地

第二章 志愿路
迎难而上 追求卓越

努力向前；也看到过运动员转弯时摔出赛道，雪板破损还要坚持完成比赛。看着他们踉踉跄跄的身影，我的内心泛起波澜，他们配得上！配得上让世界看到他们的努力和坚持。

北京 2022 年冬奥会，让世界人民团结在一起，筑梦冰雪，同向未来，我能作为一名志愿者参与其中足以铭记终生。我为伟大的祖国骄傲！

刘朋岳在春节前夕协助布置志愿者之家

在冬奥盛会诠释工匠精神

李斯达

燕山大学信息科学与工程学院 2020 级硕士生

北京 2022 年冬奥会、冬残奥会期间，我作为志愿者服务于国家冬季两项中心场馆技术领域，任中间点计时记分及成绩处理系统助理。随着冬奥会圆满落下帷幕，我的工作也顺利完成，在此与大家分享我的冬奥经历。

一丝不苟，精益求精，守护冬奥网络安全

在"相约北京"国际训练周期间，我跟随联想、奇安信团队部署国家冬季两项中心场馆全部 19 个领域的所有赛时 IT 设备，完成 OIN（赛事指挥运行网络）加域任务，经手完成 130 余个设备信息加密工作，全部达到国家安全标准，保障了冬两场馆的网络红线不被逾越。

奋战一线，以身作则，为冬奥事业负重前行。在冬奥会准备期间我担任技术领域志愿者负责人，协助 OMEGA 团队进行计时记分系统的部署实施和运行。该任务包括了对比赛场地内计时记分点位的基础设备部署，以及计时记分系统设备的布线。在整个竞赛场地内会分设多个计时记分中间点位和起终点位，每当有运动员通过点位，计时记

第二章　志愿路
迎难而上　追求卓越

分系统会更新当前比赛成绩信息让教练团队与观众能更好地获取实时运动员数据。所以计时记分点位部署是一项至关重要的任务，每场比赛需要技术志愿者提前三小时到位，协助 OMEGA 工程师来完成中间点计时记分系统的部署与测试，确保系统正常运转。系统设备正常运行离不开基础线路的铺设，技术领域志愿者不仅需要在赛场内开凿雪道铺设线缆，有时还需要在井下作业，难度可见一斑。在一次紧急铺设关键供电线路时恰遇暴雪天气，在零下二三十摄氏度的严寒环境中，技术领域志愿者们连续作业达 6 小时以上，准时且出色完成既定任务。

恪尽职守，勇于奉献，为每一位运动员保驾护航

在冬奥赛时期间，我担任中间点计时记分观察员组组长，负责带领组员在比赛进行时对经过中间计时记分点位的运动员原始成绩数据进行实时汇报，再由中间点计时记分输入员在 OVR（现场成绩系统）机房中将这些数据输入人工计时记分系统。人工计时记分系统是电子计时记分系统的备用系统，当运动员应答器意外脱落或者电子系统出现故障等情况发生时，会启动人工计时记分系统作为比赛最终成绩，所以要求我们必须高度集中注意力，严谨认真去对待这份任务。单场比赛往往会进行 1 至 2 小时，这需要志愿者在户外赛道内一直坚守，对于体力、抗寒能力也同样是一个挑战，往往一班岗下来，技术志愿者们手脚冻僵，面部也已结冰霜。

冬残奥会期间，我不仅负责中间点计时记分观察工作，还同时承担应答器分发任务。应答器是绑定在运动员身上的一种电子计时记分设备，只有当佩戴应答器的运动员通过计时记分点位，电子计时记分系统才可以感应并记录运动员的成绩信息。我的具体工作任务是在赛

前为运动员绑定应答器，在赛后将已完赛运动员的应答器回收。为了保证运动员的应答器全部绑定成功，志愿者和 NTO（国内技术官员）会对照

李斯达接受 CCTV5 冬奥特别节目采访

出发名单反复检查确定三次以上，做到万无一失。49 场比赛，24 个比赛日，我在严寒的赛道内在岗超过 140 小时，为 200 余位参赛运动员精心佩戴、细致检查应答器，在赛道中间点人工记录超过万余条精准成绩数据供应急计时记分系统使用。虽然长时间雪场作业让我面部晒伤变得黝黑发红，但是零失误、零故障、少误差是我为冬奥工作交的最圆满的答卷，也是我对参赛运动员最尽职的守护。

在整个志愿服务期间，工作是严肃、认真、谨慎的甚至夹杂着一些枯燥与疲惫，但是在我们志愿者身上不仅体现了顽强的拼搏精神，更展现了燕大人、中国人的风采，我们用"功成不必在我"的忘我境界和"功成必定有我"的使命担当投入工作中，克服了工作中的重重困难。

时光匆匆，虽有不舍，但最美好的回忆都留在了张家口崇礼这片土地上。今后，我要以自己的实际行动展现当代燕大人的责任与担当，为祖国的建设贡献出自己的一份微薄之力。

加油，新时代的青年人！

第二章 志愿路

迎难而上　追求卓越

服务冬奥
从心出发

张鹏飞

燕山大学理学院辅导员

2022年2月20日晚，在万众瞩目的国家体育场内，冬奥圣火渐渐熄灭。此次盛会的成功举办，离不开党中央的高度重视和统一领导，更离不开数以万计的幕后工作者夜以继日的辛苦付出。很荣幸，我也是其中的一员。2021年11月23日，经过学校的选拔，我如愿以偿地成了冬奥会闭幕式领队之一。从接到上级领导任务这一天起，我就暗下决心，一定要以最饱满的热情和最昂扬的精神，完成这艰巨而又伟大的任务，将中国青年人的激情、欢乐、精神态度通过冬奥闭幕式的舞台传递到整个世界。

训练比想象中的艰苦，短期的室内集训过后，整体演练到了室外。秦皇岛的冬天不仅是低温的寒冷，还有透骨的冷风，让人无处躲藏。所有同学不喊苦不喊累，就连生病时想的都是自己还能不能上场，我被同学们的精神深深感动着。在出征的前一周，一名女同学在训练时扭伤了脚，肿很大，她很焦虑，也很恐惧，她甚至不敢将这件事告诉自己家长。她怕自己受的伤很重，但更怕的是自己不能够跟随大部队前往北京参加演出。我看明白了她的心思，一直在陪着她，鼓励她。

问诊结束以后回去的路上，我向她保证，只要出征前她能走路，就一定将她带到冬奥的舞台。信念真的可以击穿黑暗，虽采取的是保守治疗，她的脚却很快消肿了，重新投入到密集的训练之中。

张鹏飞（左一）与其他驻京领队教师在为演员运送演出道具

让我印象最为深刻的是 2 月 16 日，导演及演员管理全体代表召开大会，会议由北京市政协副主席王宁同志主持。会上，王宁同志充分肯定了各个高校为闭幕式工作所做的艰苦努力，作为参演人数最多的高校，专门对燕山大学提出了表扬。闭幕式总导演张艺谋也对我校演员的表现高度赞扬。

2 月 20 日晚，经过一整天的忙碌，同学们走到了候场的走廊里，跟随耳返的命令，出场迎接习近平总书记及巴赫先生的到场。奏完国歌，同学们一个个红着眼眶返回休息室，在鸟巢、在冬奥闭幕式的现场感受国家富强带给自己的荣誉感。经过简单的情绪平复，同学们补好妆

第二章 志愿路
迎难而上　追求卓越

又踏上舞台，用身体围成中国结图案和运动员进行友好互动。

在尾声环节，同学们一会儿手拉手围成一个个圆，一会变换队形成一片片雪花，伴随着《友谊地久天长》的音乐尽情舞蹈。86天的持续训练，我们用冬奥闭幕式的完美呈现为冬奥之旅画上了圆满的句号，也为我们的人生留下了炫彩的一笔。

2月21日，送别了大部分学生后我也踏上了回家的火车。昨日的狂欢如梦一样，我们不辱使命，我们会继续奋勇向前。

一百

郭浩宇

燕山大学机械工程学院 2018 级本科生

缘起

每一个数字的背后,都叙述着一个故事。一百,是一个界限,又预示着一个超越。

一百斤

2020 年的我,未曾想过在一年内,减重 100 斤,未曾想过两次突破,在操场上跑完半程马拉松。因为 2020 年的我……

体重大的事实自小开始。平时我行事利索,被冠以"灵活的胖子",大家很少投以异样的目光,然而事实在体测面前暴露无遗。

2020 年 10 月的一天,在舍友的鼓动下,我决然站上秤,那一刻,我看到了"135kg",瞬间认清自我。而冬奥志愿者的选拔过程中有严格的体测环节,一个身体素质不达标的同学,是绝不可能入选的。

距离最终确定人选的时间还有将近一年。一年,足够去改变,我相信持之以恒的行动可以证明一切。于是当晚,我到操场上跑跑停停了十几圈,减了 4 斤,由此开启减重之旅。

第二章　志愿路
迎难而上　追求卓越

我最初只能是间断地跑一圈走一圈，到后来很慢地坚持一公里。总之一个原则，一口气坚持着跑得更远。有一阵，我从晚上八点跑到十点半，一刻不停，看着身边的人陆续超过，又看着他们停下和离开，更坚定了要跑的更长、更久的信念。

饮食方面，我在舍友的监督中，改掉了吃夜宵的习惯。后来我又戒掉晚饭、戒掉油脂，保证每天的摄入只够维持白天消耗，即早晚同重，这样既不影响日常工作，也可减少痛苦和饥饿。

学期末，我减到220斤。

2021年春季课业繁忙，自己总在奔波，身体早已习惯清淡的餐饮，加上隔三岔五的跑步，体重下降至190斤。暑假期间，我坚持每天跑步或爬楼梯，做了人生中第一个引体向上，到后来能连续反手做10个，坚持2个月后，已是170斤了。

100斤，听上去遥不可及，但如果不甘现状，坚定信念，每天坚持不退步，日积月累，是可以实现的。我曾迈过数不清的瓶颈期，历经数不清的内心忧虑，也才在这之后，真正懂得珍惜来之不易的成果，方明白用时间去证明一件事的真谛。

百分百

是什么样的信念，让我甘愿跳出现状变成运动的爱好者，矢志不渝地进入冬奥会志愿者大家庭？我会说，是因为我有百分百的热爱。

我是地道的张家口人，一个从出生到读完高中都不曾离开家乡的张家口人。对于外地的朋友，脑海中莫过"塞外明珠"这类词，甚至和张家界混淆。而对于我，更多浮现"堡子里""东安市场"之实景。

我对家乡有着百分之百的眷恋，在我的眼中，最好不过是大好河山的张家口。我高中时期就发誓：吃遍张家口、逛遍张家口。而今我的足迹已遍布 6 区 10 县，在市区内乘公交车，从起点坐至终点的线路就有十多条。

自冬奥会开始，场馆迎来张家口各个区县的观众。对于不同区县人们的生活状态、生活环境和生活情感的了解，让我能够有针对性地交流和互动，经验可能不会有太多，至少从心理层面会更加从容。

工作中，为了调动大家的情绪，我还会结合赛场情况针对性互动。面对真诚的宣化区朋友，在运动员临近终点时，我激励大家："朋友们，宣化是一座有历史的古城，大家拿出咱们的热情，欢迎国际友人的到来，好不好！运动员，加油！"面对朴实的桥西区父老乡亲，我会在赛后颁奖过程中鼓舞大家："我和大家一样，作为桥西区的一分子，用我们的热情欢迎国际友人来到我们的'大好河山'做客好不好！中国欢迎你！张家口欢迎你！"面对爽朗的张北县朋友，我会问大家："你们到赛场的时间长不长啊，路上是否堵车啊，这儿的气候还适应吗？"之类的家常话。面对豪迈的赤城县朋友，在大家有票务和座位纠纷时，我会放开自己，明确地提醒："由于票号和座位的不对应，请您一定要根据我们现场引导者的提示对号入座，以免出现混乱，前后视角都好看"。面对活泼的高新区朋友，我还会充当赛场解说，帮他们问询吉祥物的到场，为他们合理安排。

"来的都是客"，走进朋友的内心，解决朋友的需求是最根本的。有一些特殊的情况出现时，不要因为事不关己而不闻不问，因为那样不会得到他人的认可，自然顺畅地完成工作也就无从谈起。载着家乡的回忆，留着家乡的烙印，我愿行走于广阔的山河间，把百分之百的爱恋，奉献给这片生我养我的土地。

第二章　志愿路

迎难而上　追求卓越

郭浩宇（右一）带领观众为运动员加油助威

一百年

一百多年前，京张铁路通车，作为中国人自行设计和施工的第一条铁路干线，闪耀着人民的光荣与胜利。一百年前，伟大的中国共产党成立，在那流金岁月，带领人民浴血奋战，追寻着真理和时代的光明。同样是近一百年前，冬季奥林匹克运动会在法国夏蒙尼形成。

一百年来，社会不断发展，时代不断进步。

一百年后的今天，京张高铁作为世界第一条最高设计时速350千米的高寒、大风沙高速铁路，为2022年北京冬奥会保驾护航；一百年后的今天，中国共产党带领中国，以开放包容的姿态欢迎世界各地友人和运动健儿的到来；一百年后的今天，生活在 21 世纪的我们，能够荣幸地见证祖国的首都北京，在举办过夏季奥运会后短短十四年，迎来冬季奥林匹克运动会的筹办。

百年沉睡，历经沧桑巨变；世纪觉醒，不忘薪火相传。中国接过的不只是冬奥的圣火，更是历史的接力棒，是在饱受压迫与鄙夷后，一次又一次用实力证明人间正道，一次又一次用实力证明，历史在前进，中国在复兴。

一百年，唤醒几代人的梦，一百年，洗礼了中国，也成就了中国。

第二章 志愿路
迎难而上 追求卓越

我的冬奥
从"可能被需要"谈起

王奕骅
燕山大学文法学院辅导员

我的冬奥经历,用一句话来形容,就是有一种"可能被需要"的自豪感。我的工作并不像其他志愿者,每天都是固定的业务,在固定的时间做固定的工作,而我就是时刻准备着,等待着有可能被需要的那一刻。我想要分享的就是:真正的自豪就在于被需要的"可能"之中。

我的工作:移动助行

我具体负责的是移动助行工作。这项工作不是残奥会期间给运动员服务的,而是整个冬奥会和冬残奥会期间为行动不便观众服务的。由于我不争气的身体,冬奥会开始前腿伤又发作了,没有见证场馆开赛,听着对讲机中的每一个指令,都让在驻地的我如坐针毡。平时我并不是一个特别积极的人,这次为何一反常态,这就是集体的力量,大家一同筹备了那么久,摸爬滚打了一年多,真正上战场了,自己缺席了,真的很遗憾。

在咱们正常人的认知中,奥运会的观众基本上都是健全的普通人,更何况冬奥会这种自然条件并不适宜的户外赛场,我担心很可能整个冬奥、冬残奥期间，我和我的团队"英雄无用武之地"了。

燕大人：工匠精神

我们看着每天忙碌在岗位上的志愿者们穿梭的身影，难免也会觉得有点凄凉和失落，但我和我的团队很快就调整好心情。这就是一种敬业的精神，是我们燕山大学始终秉持着的工匠精神的传承。因此我们要为"可能被需要"的那一刻做好万全的准备。

推轮椅看似简单，但对于超过1公里而且全程上坡的冰玉环而言就没那么简单了，对志愿者的耐力和体力都是一个考验。如何高效地接力推行是第一个难题，我们反反复复推行总结经验，甚至针对不同体重的观众都细化了具体的助行方案。"如何提供较好的助行体验"是另一个难题，被助行的观众是敏感而脆弱的特殊群体，一些看似无意的行为或言语，可能会让他们产生一些想法，所以我们首先就要将心比心，换位思考。我们开创了一种体验式培训，把自己"变成"被服务的特殊观众，被推行是一种什么样的感受，如果我们被推的都快晕车了，就更别说那些真正需要帮助的人了。我们在一点一滴中诠释着工匠精神的意义。

"工欲善其事，必先利其器。"我们的工作之一还包括要保持轮椅以最佳的状态出勤，因此每天我们要对它们进行检修。有一天，一个被助行的观众反映感觉轮椅咯噔咯噔的。我体验后发现确实有问题，但我们团队却没有懂维修技术的人。我就在燕山大学冬奥群里摇人了，"有学机械、车辆的同学吗？移动助行需要专业帮助"，瞬间多名专业学生来了，三下五除二就修好了。学生说是座椅下面的轴承松动了而已，把同屋其他高校的同学都看呆了，这也可以？燕大机械真不是

第二章　志愿路

迎难而上　追求卓越

盖的！

移动助行，去哪都行！

当对讲机中传来了"呼叫移动助行，呼叫移动助行，有一名观众需要服务"。我们瞬间的希望被点燃了，我和我的团队兴奋

王奕骅（二排右一）为观众提供移动助行

至极，我们一路小跑，几乎是扛着轮椅接待了这位观众，这就是"可能被需要的意义"，即使只有1%的可能，我们也要做100%的努力。虽然绝大部分观众不需要助行服务，但当他们从我们的助行服务点路过，看到做好服务准备的志愿者与轮椅，都会说"想得真周到，还有这种服务"，我们的价值一次次地被认可，夸赞我们准备得真好，这就是我们中国志愿者所展现出来的新时代青年应有的风貌。

"可能被需要"：坚守的意义

我们要为"可能被需要"，去做"一定被需要"的努力，当被需要的那一刻，之前一切的努力价值就会得到完美释放。希望同学们也可以这样，改掉浮躁的功利心态，俯下身子，脚踏实地的积累，为人生"加分"。

我们冬奥之旅并不只是说体验了冬奥，参加了在中国举办的世界顶级盛会，做了一次中国青年的代表，穿了一回光鲜亮丽的志愿者制服，更是一次非常好的社会实践。只要我们做到坚守初心，时间会证明我们努力的价值。

这就是"可能被需要"的价值。希望每个同学都能为了这个将来的"有可能被需要"去做着100%的努力，去坚守着这份努力的初心，去传承我们燕山大学精益求精的工匠精神。

第二章 志愿路
迎难而上　追求卓越

服务冬奥 注册先行

刘毓南
燕山大学外国语学院 2019 级本科生

在北京 2022 年冬奥会、冬残奥会服务过程中，我担任古杨树场馆群注册助理。

兵马未动，粮草先行

注册是干什么的呀？这是我在介绍自己冬奥经历的时候，大家都喜欢问的一个问题。在我们燕大冬奥人大家庭中，很多人服务于客流管理、交通、媒体服务、观众引导、赛事服务等岗位，但是注册领域究竟是做什么的呢？

对于这个问题，我首先愿意援引一句老话："兵马未动，粮草先行！"为什么这样讲？这就要从我们注册领域所担负的重要使命说起。我所在的注册办公室隶属于北京冬奥会、冬残奥会制服和注册中心。听这个名字大家首先就能想到，我们每一位冬奥工作人员的制服，就是由我们这个领域负责统筹和发放的。但是相比于志愿者身上穿的制服，有另外一样东西，对我们所有冬奥人都是至关重要的，没错！就是我们的身份注册卡！

身份注册卡是参加"相约北京"系列测试赛、冬奥会、冬残奥会人员的官方证明文件。我们制服与注册中心是冬奥会最早投入运行的单位之一,每一种注册卡,都是经过制定政策、收集数据,再到印刷制作等16道严谨的工序,历时近8个月完成的。注册卡上标注着持卡人信息和通行权限等内容,并以专属色块和代码区分国际奥委会、国家(地区)奥委会、北京冬奥组委、主转播商、新闻媒体等8类注册人员类别。除了现场发放外,制服和注册中心也以邮递方式向境外注册人员寄送身份注册卡,我所在的注册办公室平均每半个月就能激活和发放百余张注册卡。

冲锋在前,救火队员

大家可能会问:"那你们平时具体的工作是做什么的呀?"每当被问到这个问题时,我都不禁苦笑,回答说:"什么都做!"

张家口古杨树场馆群注册办公室是整个场馆群唯一一个位于场馆群外的单位,具体位置就在安检主入口的外部右侧,也就是说,我们的注册办公室是所有人来到张家口赛区的第一站。每一个来到场馆群的访客注册卡,都必须经过我们专业设备的激活和认证,以及最重要的身份核验环节,才能进入场馆。因此,我们办公室既是许多客人的第一站,也是冲在前方的先锋队;除了业务内的注册激活一日卡和问题处理工作外,我们还需要应对例如个人身份证件遗失、迷路、安检问题纠纷、场馆交通咨询等,情绪安抚、赛时咨询以及为安保等领域提供翻译服务和人手支援等,回答最多的问题就是:"你好!请问纪念品商店在哪里?""哪里有冰墩墩?""请问去这个场馆我该坐哪辆车?"

第二章　志愿路

迎难而上　追求卓越

让我印象最深的一次是三位国际奥组委工作人员，在一位安保同事的带领下，来到了我们的办公室。他们很着急，因为那一天赛事马上就要开始了，这三位工作人员有十分重要的任务，但他们乘坐的T3合乘车由于某些原因未能把他们带到指定地点，出于无奈，他们来到了我们的"救火站"。当时我们的人手十分紧张，因为很多访客都来激活和办理一日卡，因此，作为注册办公室里面唯一的"男丁"，我"临危受命"，还记得当我用英语和德语与他们问好的时候，其中一位金发女士眼含泪光说了一句："终于来了。"是的，"救火队员"来了！在和指挥部请示之后，我们成功地调度了一辆专车，护送他们到达了目的地，那时距离开赛还剩不到五分钟的时间。

所以，同事们喜欢打趣地说，制服与注册中心的英文名字虽然叫 Uniform and Accreditation Center，简称 UAC，但是到我们这里，应该换一换，缩写还是叫 UAC，但是含义应该改为 Urgency and Apply Center，就叫紧急与应对中心，或者叫古杨树场馆群快速反应部队。

曾经一位国外电视台的注册协调人 Alisa 问我们，"你们只有六个人，是怎么完成这么多任务的？"我回答，"Emergency is here and we response. We solve it here, then less burden for my colleague inside! They have much more things to do."（我们有求必应，是因为我们坚信，能在我们这里解决的，绝对不会给场馆同事添负担，他们身上的担子远比我们重！）同样，也非常感谢我的五位同事和我们的经理，这个单位是麻雀虽小，但五脏俱全；在这里工作的每一个人，都是尽可能地发光发热，共同应对各种紧急事态，从来没有把自己仅仅当作志愿者，而是当作冬奥会的一部分。冬奥不停，我们不止，冬奥赛事在场馆结束，服务精神在我们这里永存！也会在我们燕大冬奥人的心中永存！

数据冬奥，坚强后盾

在整个双奥服务工作期间，我们没有去过场馆，大家就待在场馆群主入口的小棚子里，望向雪如意的方向，眯着眼睛，期待着能够瞥见奥运健儿飞起的身影。

虽然我们离场馆很远，但我们对于整个场馆的动态变化是有一定把握的，这是因为在注册办公室，我们每天都需要统计大量的人员数据、动态信息等等，这些数据最后汇聚成一幅完整的图画，在我们面前徐徐展开。虽然没去过场馆，但对于场馆的每一个人员动态都能够细致把握，这也是我们的工作要求。

就信息而言，注册中心对于人员的保密要求是非常高的，在整个冬奥会和冬残奥会期间，我个人基本上没有留下什么照片，因为我知道，在我的工作环境里，任何一张照片的泄露，都会给保密工作带来很大的麻烦，任何一次不经意的只言片语，都会给信息安全带来极大的风险。因此在冬奥会和冬残奥会上岗期间，我们注册办公室不回答外界无关人员任何与冬奥会相关的问题，不参与外界无关人员任何与冬奥会有关的讨论，不向外界发布任何与冬奥会相关的自媒体信息。在整个双奥服务期间，我个人没有和任何除同事以外的人通电话，所发出的每一条信息都是慎重再慎重。在此我也要向父母道歉，因为在整个冬奥会、转换期、冬残奥会期间，我没和他们通过一次电话，就这点而言，我不够孝顺。我亲眼看见许许多多人为这次盛会的成功举办做出了巨大贡献，他们化作了一束火焰，让中国志愿者变成了最温暖的光，我何其有幸，能成为这束光芒的一分子！

"燕山雪花大如席，片片吹落轩辕台"，在我告别崇礼，临行之际，

第二章　志愿路

迎难而上　追求卓越

一个人漫步在太子城遗址之时，这句话一直萦绕在我的脑海，而我也希望将这句话作为赠言，送给大家。那个时候夕阳西下，每一缕阳光都透过一束束金黄的麦草，在你的眼前散射出金色的光辉，倒映远处冰墩墩和雪融融雕像在青灰色碎瓦上形成斑驳的影子。

习近平总书记曾指出"作为志愿者，无论是在台前还是幕后，无论是迎来送往还是默默值守，都可以在这场青春盛会中展现自己的风采"。每当我透过办公室的窗子，望向深入云端的雪如意跳台时，那一抹抹飞起的剪影，永远在我心中回荡，我为他们喝彩、为他们骄傲，这时我想起这样一句话："一个人的一生应当这样度过，当他回首往事时不因虚度年华而悔恨，也不因碌碌无为而羞愧。这样在临别之际，他就能说：'我已经将自己的青春年华和全部精力，献给了世界上最壮丽的事业——为人类的奥林匹克发展而奋斗'。"

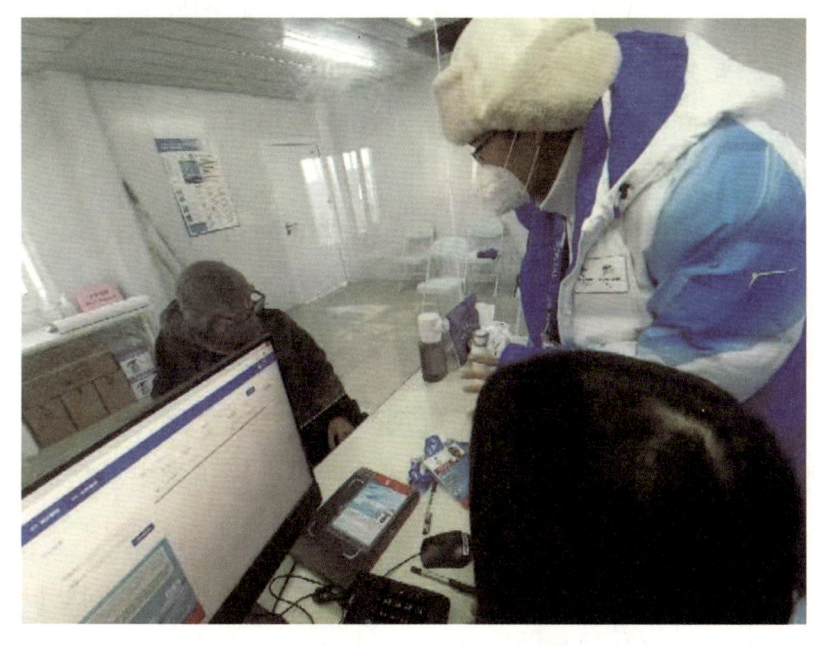

刘毓南在协助进行注册卡激活工作

奥运梦 志愿路 家国情

尽管叫我"无名之辈"

陈靖璇
燕山大学文法学院 2019 级本科生

这个冬天，我在张家口赛区国家冬季两项中心场馆管理领域开展志愿服务，岗位是通信中心助理，简称 VCC（Venue Communications Center）Assistant。

可能大家对"VCC"这个概念比较陌生，它的职能是什么，它对场馆的作用是什么？老实说，在我收到北京冬奥组委志愿者部的拟录取通知后，也产生了一丝困惑，因为这和我平时接触到的志愿服务太不一样了。

作为一名青年志愿者，我参加过大大小小的活动。从参与布置大型活动会场，到观摩活动全程以便撰写新闻；从拿起工具清扫燕大社区的小广场，到提着架子捡拾散落在海边的垃圾；从穿着黄色马甲在食堂门口宣传活动理念，到戴着红绳工作牌投身于燕大百年校庆的志愿服务工作，我虽不能说身经百战，但称得上经历颇丰。然而对于这个全新而陌生的岗位，我依旧感到"丈二和尚摸不到头脑"。

我把这个困惑讲给参加过"相约北京"测试赛的志愿者伙伴听后，收到了许多不一样的反馈。有人说这个岗位超酷的，就是拿着手台，

第二章 志愿路
迎难而上　追求卓越

坐在屋里发通知；有人说这个岗位挺枯燥，每天都干一样的事情，实在没什么意思。听完后我更加困惑了，反正也没有人给我一个准确的答案，我干脆就先放在心里，等到了我朝思暮想的国家冬季两项中心，不就有答案了吗。

2022年1月25日，顶着耀眼的太阳，我和志愿者伙伴们从班车上走下来，映入眼帘的就是国家冬季两项中心技术楼。我们业务领域经理是个英气俊朗的青年，他很热情，顾不上穿外套就下楼来迎接我们，领着我们走进位于技术楼三楼的场馆通信中心。那是一间不大不小的屋子，陈设十分简单，两排桌子、两排椅子、一个大屏液晶电视，中间留出一条还算宽敞的道，直通那扇占了一整面墙的大落地窗。坐在位子上，转头就能看到窗外湛蓝的天空、白雪皑皑的赛道和鲜艳的奥运五环。我当时为我这采光良好的"赛景房"工作单位感到高兴，现在想来，真是感谢这扇大落地窗，毕竟它承包了通信中心十几个人未来近两个月对自由的期待和向往。

我们的经理姓郝名爽，人如其名，为人做事热情爽朗，待我们到齐后便为我们介绍起通信中心的职能和工作任务，我这时才明白，通信中心在场馆里承担着协调沟通和上传下达的职能，是非常重要的通信部门。办公室桌子上的每一个手台都对应着不同的业务领域，这个酷似大哥大的黑色手台将要陪伴我们度过在场馆内的每一天；手台里每一条信息都要记录在电脑的通话单上，在每天下班后统一交给场馆。作为一名通信中心助理，日常工作是在每一天场馆各领域开展工作前，通过手台进行集群点名，以确认各领域人员是否到岗、相关设施是否完备以及工作是否顺利，完成集群点名后，要通过手台监视各领域交流内容以及下达一些任务通知，并在电脑上记录这些通话内容。

这个岗位的工作本身并不难，只要掌握操作手台的技术和专业通话术语，便可满足工作要求。难的是这项工作要求在通信中心工作的每个人，每时每刻都要保持高度的精神集中，换言之，这是一项相对体力而言更消耗精力、重复性极高的工作。每天集群点名的时间一到，大家立刻坐到工位前，拿起手台通话并记录情况，点名结束后便进入长时间的精神集中状态，因为不知道什么时候，面前的手台就会突然响出声音。一个手台出声，所有人都会高度紧张起来，停下交谈甚至压低呼吸的声音，静静地看着负责手台的志愿者迅速打开手机录音，等通话内容结束后，共同帮负责记录的人补充细节。这一波结束后，大家的精神状态会稍稍放松一些，一边做着手里的任务，一边听着手台的动静；到午饭时间，大家要轮替着出去打饭，保证办公室里始终有人值班，并且工作交接要严谨细致。从1月25日走进技术楼起，到3月13日冬残奥会竞赛日结束，我们每天都是这样忙碌、紧张和重复的状态。

每天大同小异的工作内容和场馆通信中心到驻地两点一线的旅程，足以把一个初来乍到志愿者的好奇心和新鲜感消耗殆尽，加之我在冬奥竞赛日时，负责的手台不需要点名和发送通知，也基本没有交流，参与感很低。在驻地参与宣传工作时，宣传小组里的大多数人都是优秀的学长学姐，或名列前茅，或满身荣誉，而且都彼此熟悉，每每看着他们愉快地交谈，我只能默默地站在一边。原本觉得还算有点成绩和社交能力的自己，在群英荟萃的志愿者中，竟如此不起眼和默默无名。打开朋友圈，看着其他志愿者小伙伴兴致勃勃地分享着自己的生活。有的人展示自己丰富多彩的活动照片，有的人分享自己在新闻镜头里出镜的片段，有的人转发自己登上学校公众号和各大官媒公众号

第二章　志愿路
迎难而上　追求卓越

的推文……反观自己，终日待在装潢简洁的通信中心，没有别的娱乐，没有直接对准我们的采访镜头，除了每日向志愿者部提交的工作简报，我们似乎永远都静默着，与热火朝天的赛道形成鲜明的对比。

　　长久的寂寂无闻曾使我无比焦虑，幸运的是，这种情绪并没有持续太久。在日复一日的工作里，我开始学会与自己和解。虽然并没有独自负责某个工作领域的通话记录，但我依旧时刻竖起耳朵准备接收每一场对话，认真观察其他志愿者进行集群点名和发送通知时的状态，仔细研究每一次工作时的问题和细节并默默记在心里。通过不断琢磨和观察，在服务冬残奥会期间，我能游刃有余地负责媒体领域相关工作，很快适应了时刻保持精神高度集中的工作节奏和工作状态，甚至可以帮助新加入的志愿者熟悉工作业务并传授经验；在驻地带队老师的建议和支持下，我和其他几名擅长设计和绘画的同学一起组成了墙绘小组，为我们所在驻地的"志愿者之家"完成了一幅北京2022年冬奥会、冬残奥会主题墙绘，并得到了驻地老师和其他志愿者朋友们的高度肯定；我慢慢结识了很多优秀的老师和同学，参与场馆的除夕欢庆活动、"一起来画冰墩墩"比赛，还参与了全员扫雪工作。每天的工作，听到的奇闻趣事，来自年长者和前辈的谆谆教诲，一点一点丰盈了我原本干枯的心灵。

　　走进通信中心后要更换口罩，我会趁着开窗通风时，趴在窗户边大口呼吸着凛冽而清新的寒风，换一换肺里憋闷的空气。长久待在方寸之地的我，似乎能从这沁人心脾的风中感受到赛场上的热血和激情，驱散疲惫和困倦，让我满血复活地投入到工作中。由于场馆闭环管理和防疫政策，我们不能随意走动和接触，落地窗外近在咫尺的看台变得遥不可及，我经常和在看台上工作的朋友们开玩笑，大家现在都是典型的"围城"心态，憋在技术楼里的志愿者想出去，在寒风中受冻的志愿者想进来。虽然不用受冻，但我还是很羡慕他们可以在看台上蹦蹦跳跳，和顶流吉祥物冰墩墩、雪容融合影互动，在颁奖广场冉冉升起的五星红旗下和义勇军进行曲的激昂节奏里热泪盈眶。

在这两个月里，我发现了比鲜花和掌声更加能评价一个人的事情，就是日复一日的坚守。每一次触及心灵的感悟和思考，每一个突发问题的顺利解决，每一天竞赛日程的圆满结束，都是对我们工作的最好肯定。我逐渐意识到，这个冬天的工作经历带给我的考验，除了锻炼消息敏感性与提高学习热情，更多的是如何坐得住阵地，耐得住冷清，哪怕我没有如设想中那般亲自与观众、各国运动员以及记者朋友们交流，没有那么多出现在知名媒体镜头和报道里的机会，也能从这日复一日的工作中，更加真实和深入地体会到志愿服务工作的无私与平凡，切身体会到"不起眼的人"如何默默无闻与自我奉献，从而更加深刻地认识到志愿服务如何因其平凡而伟大。

在竞赛日程的最后一天，我记得我吃了一块巧克力蛋糕，两块芝士蛋糕，三个不同口味的冰激凌，在向往已久的赛道上肆意奔跑，在《送别》悠扬的旋律中与伙伴们拥抱合影。我还记得，我们的秘书长来和大家道别，和其他管理人员一样，她早早进驻冬两场馆一直坚持到竞赛结束。一向雷厉风行的她红着眼圈，说她在会议上听到"几万人在闭环内坚持了几个月"后忍不住泪流满面，我也沉默了良久。原来在严格的疫情防控管理下，将近两个月的坚守岗位默默奉献，是如此的令人动容、如此的伟大、如此的值得铭记；所有为场馆与竞赛运行奔波劳碌的工作人员，都和我们一样在日复一日的工作中坚持着。赛事大幕升起，运动健儿大显神通，而所有在幕后倾力支持的各领域志愿

第二章　志愿路
迎难而上　追求卓越

者和工作人员,都是无名但值得掌声的英雄。

所以,我现在可以自豪地说,朋友,当你感受到温暖,无须刻意去寻找我,我在你身后的技术楼一块不起眼的玻璃窗后面,在手台传出的"冬两通信中心现在开始集群点名,请各业务领域工作人员汇报人员到岗情况和工作状态"的播报声中,我是灼灼暖阳中微小但热情的光芒,也是跃入人海、准备下一次坚守和奋斗的"无名之辈"。

陈靖璇在冬奥赛程期间熟悉手台使用方法和播送流程

奥运梦 志愿路 家国情

祖国需要处皆是我故乡

周欣荣
燕山大学理学院 2020 级硕士生

　　我服务于古杨树场馆群，赛事服务领域。为大型活动志愿服务的种子，在大学时就在我心中种下，终于等到 2022 年，在家门口的国际赛事中开花结果。

　　2021 年 6 月，学院发了一条关于北京冬奥会志愿者补录的通知，埋藏在心中多年的志愿梦再也按捺不住。从自我介绍，到英文介绍场馆、体能展示，再到成为研究生以后再也没参加过的体能测试，我每一次都尽自己最大能力做到最好，最后一路通过学校的选拔，成为冬奥志愿者中的一员。

　　参加选拔时没有过丝毫犹豫，但到填写志愿服务时间的时候我却犯了难，意向统计中清楚地写着长达 3 个月的服务时间，这对研二的我来说是个不小的挑战，是就此放弃专心科研还是辛苦一点兼顾志愿服务和学习，两个截然不同的选择摆在了我面前。参加这种大型赛事志愿服务的经历可不多得，经过几天思想斗争，我选择了：去参加。在一生只有一次的青春中，为自己想做的事情坚决去做，这是一件值得的事，更何况参加北京 2022 年冬奥会、冬残奥会志愿服务，能够学

第二章　志愿路
迎难而上　追求卓越

习和收获的都是无法定量比较的，为什么不去呢？

从线上和线下培训中我学到了很多冬奥会和冬残奥会相关知识，从专业知识处理到急救处理，再到沟通技巧，从学校举办的一场场冬奥专场技能大比拼中不断打磨能力，不因冰雪寒彻骨，只为冬奥满热枕，其中有关疫情防控的相关培训更是细致深入，使我深深地认识到了疫情对冬奥会和冬残奥会举办的巨大影响，也愈发地由衷敬佩一直以来祖国为疫情防控所做的工作。

带着积累的知识，我们踏上了前往张家口赛区志愿服务的征程，在这里和我一起并肩战斗的有42位小伙伴。古杨树场馆群，从字面意思理解就是好多个场馆连在一起的地方，不错，在这里著名的冰玉环将国家越野滑雪中心、国家跳台滑雪中心和国家冬季两项中心这三个场馆连接在一起，不过我们并不是为竞赛场馆服务的，而是在场馆群的入口：离场馆最远，离观众最近的地方。由于三个场馆布局连在一起，所以我们负责协助安检人员检查、协助交通人员迎接观众、把前来观赛的观众引到观赛场馆方向，当然，也为观众们提供信息咨询和取暖等一系列他们所需要的服务，是这三个场馆的第一道防线。

因为开赛日情况都是未知的，所以古杨树场馆群赛事服务领域的主管老师们带我们进行了赛前7次全流程模拟演练和6次岗位轮换演练，不管是观众大巴下车的引导点位、测温棚测温点位、安检大棚门口软件点位、楼梯处的引导点位，还是暖棚里的手消点位、登记点位、消毒点位，再到台阶上的引导点位、信息亭的咨询点位，所有人在每个点位都进行了流转和演练，做到把每个点位的话术和可能发生的情况都牢记于心。

最让我印象深刻的是台阶处急救处理。冬天的崇礼气候极寒，雪一下就会没过脚面，而大台阶又是通往各个场馆的必经之路，一个晚上过后就会很滑。因为担心观众在台阶上发生滑倒，所以我们专门制定了这类事件应急处理方法：点位志愿者上前询问，把受伤观众保护好避免外部因素二次伤害，询问周围观众中是否有医生，上报主管这里有受伤观众请求医疗支持，直到受伤观众被平安转移。虽然我们在开赛前从话术到行动多次演练过这个环节，但还是希望在赛程中不要用到。赛程过半的时候，崇礼下了一场很大的雪，有位观众退场的时候想去特许商店，结果没留意脚下台阶，下台阶的时候蹲坐在了台阶上，我正好在台阶下的点位，顿时心"咯噔"一下，下意识地上前询问伤势如何，需不需要医疗帮助，观众说没事就是手擦伤了，我说那里有暖棚，咱们处理一下，就这样把观众带到了暖棚，消了毒、擦了药，嘱咐观众小心别用这只手用力，事后观众连连道谢。

冬奥会与中国春节相逢，在充满年味的喜庆氛围中，让壬寅新春分外不同，在远离故乡的崇礼，也让志愿者们的春节分外不同。驻地志愿者之家特别为志愿者们准备了春节系列活动：贴春联、写福字、送祝福……既感受着中国传统文化的魅力，又拉近了志愿者们之间的距离，让这个春节不再是因为身处异地而感到孤独落寞。因为服务冬奥，也让我们的这个春节记忆变得如此特别。祖国需要处，皆是我故乡，这里的伙伴们互相陪伴、互相鼓励，让崇礼寒冷的冬日变得如此温暖。

除夕当天我们还是去了场馆群，为开赛做最后的准备。春节那天我们像往常一样出发练习，经过工作人员安检口，安检完毕后，安保对我说了声"新年快乐"，我愣了一下，反映了几秒后才回了句"新年快乐"。那一刻我明白了志愿服务是一种什么感觉，不只是为大家带去服务，其中还夹杂着一点惊喜和一点温暖。那天的大家只要遇见，

第二章 志愿路
迎难而上　追求卓越

都会彼此说声"新年快乐",即使都戴着口罩,我也能感受到所有人口罩后面的笑容。

冬奥会正式开始后,古杨树场馆群迎来了一批又一批观众,从台阶下到冰玉环口的每个点位,我们都约定好了为观众们送去新年祝福:"新年快乐,欢迎大家来到古杨树场馆群观赛",观众们也会热情地对我们说"新年快乐","你们辛苦了"。这一天是冬奥会开赛第一天,也是我第一次以冬奥志愿者的身份为观众服务,这一天注定是我冬奥期间最难忘的一天。

岁月因青春慨然以赴而更加静好,世间因少年挺身向前而更加瑰丽。每位志愿者都是一片片燃烧的雪花,每片雪花都有独特的形状,凝聚在冬奥的光辉下,折射出不同的色彩!有朋自远方来,不亦乐乎。我们用专业的服务和饱满的热情迎接四海宾朋,向世界讲述一个古老而现代的中国。不负青春,一起向未来!

周欣荣(右一)所在志愿服务小组准备前往红线外点位

第三章　家国情
赓续传承　共创未来

第三章 家国情

赓续传承 共创未来

守护初心
创造历史
共向未来

胡冰煜

燕山大学国际教育学院辅导员

在562名燕大冬奥人中,我只是很平凡的一个,但是,我却非常幸运地见证了他们参与冬奥最宝贵的初心。

从2019年底,燕山大学招募冬奥储备志愿者开始,我的电话就经常被打爆。无论是凌晨还是深夜,我随时都有可能接到同学们关于参与冬奥服务的咨询电话,就连微信也很快突破了5000个好友的上限。"我能报吗?""怎么报呀?""竞争激烈吗?""咱们学校能去多少人?"我也是志愿者,可以深切地感受到他们的复杂心情。那是一种期待,期待着能够在向往的国家大事中增长见识、增长才干;那是一种忐忑,忐忑着自己是否真正拥有参与冬奥的技能与价值;那是一种庆幸,庆幸着在最适当的年纪、最正确的地方遇到了最好的机会。这些初心,朴素、纯粹、真诚。

那阵子,在各项活动中,我看到好苗子就要宣传北京冬奥会,想把素质好的同学都吸收到冬奥志愿者队伍里来,同学们都戏称我这是"挖墙脚"。在这条通往冬奥的路上,我遇到了太多太多人,有年近六旬每天慢跑7千米增强体质的孙喜山老师,还有为冬奥减肥100斤的郭浩宇，有携手共进的几对冬奥志愿者情侣，有花了10个夜晚自学拉丁舞参加闭幕式演员面试的刘锡宇，有咬紧牙关带伤带病上阵的卢楠、郭凯宇，有和二伯同去张家口赛区服务却难得见上一面的张朝雨……

通往冬奥的路漫长而坎坷，而在这条路上我们都不是孤军作战。近4000位报名者中，最终能够站上那个舞台的毕竟是少数，但我们都带着同伴的梦想和同伴的祝福。身在青海德令哈和四川凉山支教的12位研支团成员齐刷刷地报了名，并且在所有选拔培训中表现优异，但因为服务和隔离时间与教学冲突，不得不忍痛放弃。他们是志愿者，但他们同时也是祖国西部几百个学生的老师。那天晚上我和他们视频，一个女生明明自己都红着眼眶，却还笑着来逗我开心："老师，你们负责服务，我们柴达木聚宝盆负责给你们收集能量和好运！"还有曾经参加过2008年北京奥运会的老师由于工作原因无奈退出，跟我念叨了好久："多拍点照片啊，回来给我讲讲经验，我还年轻呢，下次奥运还有机会，得早作准备！"就这样，去了北京、去了张家口的好像是我们，又好像是每一个心怀梦想的燕大人。

从2019年12月开始，我陆续参加了冬奥组委、团省委组织的7次培训，6次到张家口赛区实地踏勘，而这个过程中也让我见识到了中国制造和中国速度。赛区日新月异、场馆平地而起，那种亲眼看着整个赛区成长的感觉非常奇妙。还记得我第一次得到消息，冬奥组委需要从学校派出工作人员参与前期筹备工作，是在2020年的夏天。我那时有些困惑，离冬奥还有一年半，为啥这么早就让我们"时刻准备着"？我们又不是建场馆的，去那么早，难道去搬砖吗？终于，我和卢文龙老师在2021年10月4日踏上了前往张家口的北上之路。

第三章　家国情

赓续传承　共创未来

那个时候的国家冬季两项中心还不具备入驻条件，古杨树场馆群所有工作人员集中在雪如意办公。空旷的空间里除了几百张桌子再无他物。没网、没暖、没水，甚至没有厕所，但是每天清晨，当我们迎着朝阳，自带电脑、暖宝宝、插排和烧水壶踏上班车，隔着口罩看到的却都是一张张眼含笑意、蓬勃向上的脸。这群人中，有来自张家口各行各业的精兵强将，有各地市选调的能人异士，更有像产佳老师、杨广辉老师这样已经在张家口兢兢业业奋战了近一年的高校骨干教师。正是这群人，完成了场馆从无到有的建设，完成了运行架构从无到有的搭建，完成了办赛经验从无到有的突破。

我工作的赛事服务领域是燕山大学派出志愿者最多的业务领域，达到了109人。赛事服务志愿者通常要占到整个场馆赛会志愿者的25%左右，虽然疫情防控压力没有闭环内大，但面对群体构成复杂、条件艰苦、容错率低、团队庞冗等问题，想要带好这个庞大的团队，我们可以说绞尽了脑汁。办公条件有限，移动办公、就地开会成为再平常不过的事。为了设定合理的运行计划，我们先后18次到场馆实地踏勘，用详尽的踏勘记录总结出每个细节、问题和相应处理方案，不到两个月就磨坏了一双鞋。志愿者的岗位培训方案先后改了7遍，应急演练脚本写了12稿，桌面推演计划推倒重做了3版……这些都是我们前期筹备的记录，在为期三个多月前期准备的基础上，一百多位赛事服务志愿者到岗后工作运转顺利，技能掌握扎实，充分达到了预设目标。当大家把赞许的掌声送给圆满完成任务的志愿者，就是我们最大的欣慰。在每一位志愿者的光彩背后，都有和我们一样的许许多多工作人员，默默无闻地做着志愿者背后最坚实稳固的依靠。

我喜欢健身，即便是在场馆，也想尽一切办法坚持锻炼，一开始

奥运梦 志愿路 家国情

测试赛期间，胡冰煜（左四）为志愿者讲解通行控制证件核验规则

和其他场馆的工作人员一起练，后来和各个学校的志愿者一起练。坚持锻炼的成果有两个，一是体质增强不怕冷，二是体力增强不怕累。现实告诉我，我们的确就是去搬砖的，但搬得乐此不疲。成组的"铁马"、厚重的铁皮文件柜、巨大的钢木桌、志愿者之家的装修物资、体积迷你但一箱就有60多斤的暖贴……啥都躲不过咱这一双手。

也许大家会想，没有男同志了吗？为什么要让女同志来干这些体力活？当然有，而且男同志只会比我干得更多更辛苦，但是在场馆无论是工作人员还是志愿者，抛开性别我们都是战友，工作都是一起分担、尽己所能。而之后也曾有女生志愿者找我探讨，一些偏重于体力的工作我们可以更倾向于安排给男生，但其实无论是谁，齐心协力也能干大事。这大大启发了我，于是我开始结合专业与爱好，开展调研活动。我心中的志愿服务，是能够让服务者和被服务者都越来越好的存在，

第三章　家国情
赓续传承　共创未来

是对彼此的双重成就，这也是和谐社会的题中之义。我只希望能够为更多的学生打开志愿服务这扇大门，相信他们会像当初的我一样，爱上志愿服务，并通过志愿服务成为更好的自己。冬奥会有专门的遗产管理部门，咱有一分光发一分热，不说留点遗产，总要总结点经验教训以便后人参考吧。

大型赛会往往有交换徽章的潮流，参与的运动员、媒体、赞助企业都会专门为此制作徽章，促进交流、传递友善。而我惊喜地发现，燕山大学校徽也成了硬通货，不少记者、工作人员看见志愿者们别着的校徽，主动前来交换。当这一抹燕大蓝绽放在别人的胸前时，我感觉好像心里多了点什么。

燕大人的文化品格，在冬奥赛场上闪烁着耀眼夺目的光芒。他们不仅不怕苦，还把苦中作乐的乐观主义精神融进奋斗基因。冬天水果、零食匮乏，他们将食堂的香蕉拿回来冻在零下二三十摄氏度寒风呼啸的室外，十五分钟后就能得到一根美味的香蕉冰棍，很甜；他们不仅有小爱，更有大爱，用纯粹的方式映射着卓越品质。国旗护卫队队长王佳辉有幸和负责升旗典礼的天安门仪仗队有工作交流，腼腆的他回来后激动得小脸通红："老师你看，咱燕大国护气场没输！"他们不仅专业扎实，还勇于突破和创新，把科技办奥刻进了工匠精神。校领导来张家口看望我们的时候，就有领导和老师郑重地跟我说，请关注一下冬奥赛场上有哪些领域、哪些细节是咱们相关专业可以提供支撑的，我们就去做；他们不仅爱校荣校，更热爱祖国、因祖国而自豪，把深沉的爱写进了家国情怀。还记得最后一个比赛日结束后，我们在员工餐厅庆功，当闭幕式直播屏幕上出现国旗、耳边响起国歌时，喧嚣热闹的餐厅顿时肃穆起来，所有人都自然而然地站起身，向伟大的

奥运梦 志愿路 家国情

祖国致以最诚挚的敬意。

不参与一次奥运，你永远都不会知道自己多爱国。辅导员的工作阵地不仅仅在学校，甚至不仅仅在学生身边，而爱国主义教育，也绝不仅仅在课堂上。也许下一次观看奥运会闭幕式的时候，我们还会想起，2022年的那个冬天，有这样一群小雪花虽历经磨难但尽展芳华；也许在下一次观看奥运竞赛的时候，我们还会想起，我们的同窗好友、身边伙伴曾在这样的舞台向世界展示中国青年风采。守护那一份初心，创造那一瞬历史，向往那一个未来。燕大人从来都是这么朴实而美好，就像1990年亚运会、2008年北京夏季奥运会那样，只要有机会，这枚火种随时准备好再次带来难忘的精彩。在历史的高光时刻尽情绽放，而在那之后，我们静静地，等待下一次的盛开。

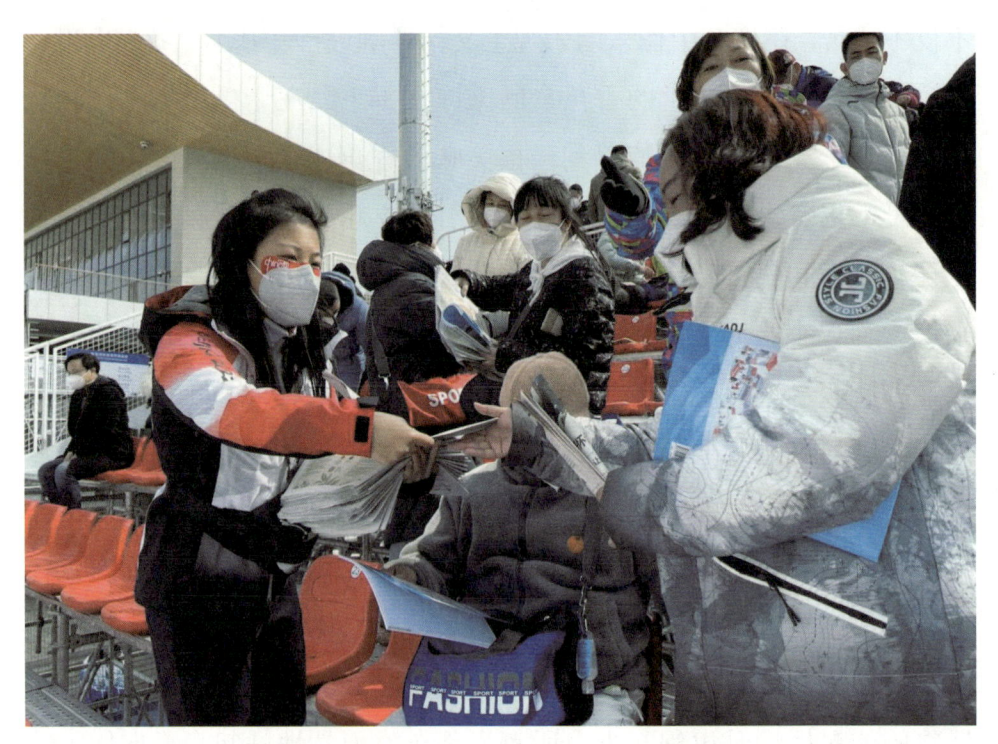

胡冰煜（左一）为观众发放观赛物资

第三章　家国情

赓续传承　共创未来

守党员初心
践青春使命
做坚实后盾
传家国情怀

杨晓芳

燕山大学团委科技部部长

北京2022年冬奥会和冬残奥会期间，我担任国家冬季两项中心志愿者业务领域志愿者主管，主要负责志愿者激励保障工作。

从2019年12月作为河北省第一批参与冬奥会工作的核心骨干志愿者到2022年3月圆满完成工作任务，回望这段不平凡的经历，是一种力量始终激励着我，让我一次次克服困难、奋勇前进，那就是党员的先锋力量。

作为燕山大学冬奥志愿者第三临时党支部书记，我将思政课堂搬到冬奥志愿服务之中。在出发前的"冲刺"阶段，面对党支部成员26人在环内、10人在环外，分布于13个业务领域、遍布在15个岗位的复杂人员组成结构，我开始深入思考：要想让临时党支部尽快"投入使用"，在冬奥赛场起到模范带头作用，就需要让支部凝聚起来、兴奋起来。2022年1月13日，我组织党支部成员在学校党员组织生活馆重温入党誓词，激发党员守初心、担使命、做表率的责任意识；在"智慧党建课堂"集中学习习近平总书记1月4日考察北京冬奥筹办工作时的重要讲话精神，引领支部党员在冬奥志愿服务工作中贡献青春力量；在操场进行团建活动，凝聚合力，为后续工作的开展打下坚实的组织基础。抵达场馆后，因支部成员工作时间和工作地点的复杂性，支部活动方式也灵活了起来，通过开展线上集体学习会、座谈会和线下党小组学习会、交流会等方式，引导党员志愿者发挥榜样作用，以青春之力积极践行"请党放心、冬奥有我"的铮铮誓言。

在1月24日出发那一刻，我已经是一名为志愿者服务的志愿者，身着"天霁蓝"，开始了7个多小时的"旅途"服务。作为7号车的领队，以"导游"状态在车上调动大家情绪，宣读志愿者纪律要求，鼓励大家克服困难。

身为冬奥青年先锋队的一员，我在志愿服务工作中带头清理积雪、安装铁马护栏，在风雪中坚守，用行动"讲好志愿故事"，凝聚志愿者青春正能量。2月13日崇礼下大雪，厚厚的雪足以把我们的靴子淹没，恰巧当天需要发放志愿者的雨披物资，我早早抵达场馆做好物资清点及发放的准备工作。赛事服务领域的志愿者人数最多，那天赶上雪天执勤，轮岗密集，仅能派出一名赛事服务志愿者主管来领取物资。我立刻带上小伙伴和他一起推着手推车，深一脚浅一脚地在雪地里缓行，将雨披运送到志愿者手中。

多次"线上+线下"培训，让我对"冬奥"相关工作从迷茫变得越来越清晰，从一知半解到详细了解。2021年10月，经历了面试、选拔等系列过程，我的工作岗位确定，志愿者业务领域志愿者。我接到的第一个工作任务就是打造线下志愿者之家。从没有想过，带学生参加科创比赛、在舞台办晚会、去农村调研的我，有一天还会增加一个新技能，去搞装修装饰！

为了让志愿者们在寒冷的冬天里有一个温馨的"小家"，我立即

第三章 家国情
赓续传承 共创未来

组建志愿者之家设计装饰工作团队。这项工作要求信息保密，就意味着我们的一些具体内容包括应用元素等都不能对外传播，更意味着所有的图稿需要我们自己设计制作，因此我在冬奥志愿者群体里挖掘"能人"，成立了8个人的"保密小组"。最初，接到任务的时候，我们只知道志愿者之家是一个临建房，面积50m^2，没有具体的测量尺寸，没有确定具体的室内设施，甚至插座在什么位置都不知道，而且1月份要投入使用，因此我们开始了"盲建"，连续一个月，精心挑选适合的素材，熬夜通宵讨论研究，完成共72m^2墙面设计；划分休闲、活动展示等功能区域，确定约50m^2空间布局设计方案；结合冬奥会、冬残奥会特点以及中国春节等元素，设计确定装饰布置方案；在环保、牢固、便携的前提下，对比、确定装饰材料；设计制作特色条幅、手持牌及策划赛时志愿者活动10余项，满足志愿者精神需求。

完成了所有的设计方案，令我们意想不到的事发生了。我和小伙伴们还没来得及欢呼，就接到了上级的指令：因工作需要，我们要把72m^2墙面设计图制作出来并随车带到场馆。我们联系车辆，测算尺寸，发现我们需要把制作出来的20张、尺寸为1.5m×2.4m的KT板成品进行开槽，这样KT板能够折叠，且不会影响图案的完整性。接下来就是各种材质和不同型号的文字、数字、图案等粘贴的注意事项，不同材质需使用不同的胶才能牢固，我们共需要使用6种胶，团队成员还给这6种胶"起外号"，便于我们区分记忆。

作为志愿者业务领域激励保障工作的一员，从没想过，有一天我会折服于一万五千余个数字之中。一个尺寸40cm×25cm×20cm的纸箱就能容下的8种徽章，我们要分门别类地清点，将每一种徽章分成环内374份和环外142份。看似简单的数数却需要注意力高度集中，一个小小的徽章，当数数超过五十、六十的时候，就突然脑袋死机，每次都要反复数好多次，才能确保物资按数到位发放。

作为一对双胞胎女儿的妈妈，面临第一次这么长时间离开家、离开女儿度过春节，内心充满担忧，不知道孩子们能不能适应，家里会不会乱成一团。越临近出发，内心越是担忧焦虑。我的爱人察觉到我的情绪，主动跟我说："放心去工作，这两个月我肯定照顾好女儿们，这个春节我带着孩子们看冬奥会啦。"临行前，大女儿说："妈妈我是不是可以在电视上看到你呀？你一定要加油，你要做最美丽的妈妈。"小女儿说："妈妈我不想让你走，但是你是为了国家办的比赛去工作，我就同意你去了，你一定要好好工作。"女儿的鼓励，让我更有底气站在北京2022年冬奥会和冬残奥会赛会志愿者的工作岗位上。

临行的车上，我发现了女儿们偷偷在我的背包里塞进来的两幅画，是提前送给我的新年礼物。画上画的是两只可爱的小老虎，在画的下方写了："妈妈，祝您一路平安，希望您早点回来，我爱您。""妈妈，我爱您，辛苦了。希望您平安回家。"平安，这个词出现在我模糊的视线里，感受到了女儿的担心，也更加坚定执行好作为带队老师引导学生做好个人防疫的工作任务。

抵达场馆第11天后，迎来了北京2022年冬奥会开幕式，当国旗升起，志愿者们自发共唱国歌，那种发自内心的自豪与激动，无法用言语表达。而我此时收到了一张来自远方的照片，是国旗升起的同一时间，女儿们自发起立敬礼的照片。原来女儿们也在电视机前观看冬奥会开幕式。我的爱人说，因为我是一名冬奥志愿者，这个寒假，女儿对冬奥会冰雪项目格外关注，不停地在为中国、为中国奥运健儿加油，家里沙发都快蹦塌了。

第三章　家国情
赓续传承　共创未来

当我回到家的时候，女儿们会问我："妈妈，我怎么能当上志愿者，为国家服务呢？"后来，我才知道，女儿会骄傲地跟她的同学说："我妈妈在冬奥会当志愿者，她在为国家服务呢！"我很欣慰，虽然女儿们可能还不够深入了解"家国"，但至少我在她们心中种下了一颗种子。

57天的坚守、44天的持续服务、352公里的行走里程、36万余步数，是我在这个寒假上交给国家的成绩单。作为一名教师党员，让我在志愿者服务保障工作中，数十个日夜奋斗，用恪尽职守和细致服务温暖志愿者的整个冬天，用微笑与奉献诠释志愿服务精神，用实际行动做一名合格的"志愿者的志愿者。"

参与冬奥是燕大冬奥人一生难忘的际遇，我也将在学生工作舞台上，行稳致远、一路向阳。守党员初心，践青春使命，做坚实后盾，传家国情怀。用最好的精神风貌和过硬的业务素质，与新时代燕大青年一起讲好燕大故事，在燕大新百年的赛道上，留下奋力奔跑的新足印！

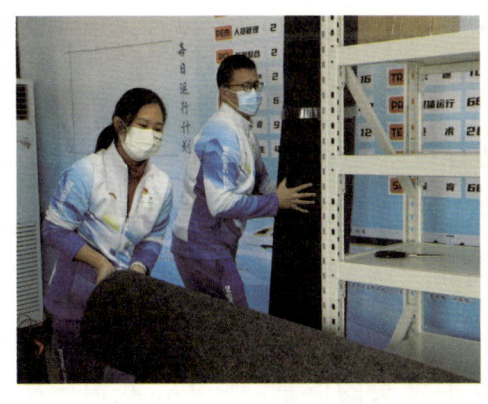

杨晓芳（左一）在布置国家冬季两项中心志愿者之家

杨晓芳（左一）为志愿者运送保障物资

奥运梦 志愿路 家国情

每一个冬天都想起"我们在一起"

唱思迪
燕山大学经济管理学院辅导员

作为冬奥会闭幕式演员领队,我既是这场盛事的亲历者,也是225名"小舞蹈家"逐梦冬奥的见证者。86天的逐梦路上,我们经历了风霜雨雪,发生了很多故事。如今,褪去刚谢幕时的激动和澎湃,就像吃完一颗糖,纵使已经没有了入口时的热烈,但甘甜的回味久久不散。2021年11月26日晚上,从上千个报名者中选拔组成的233人展演团队第一次集结,那时我满心都是"我要去冬奥了"的兴奋,还没有想过通往鸟巢的路会如此艰辛。

作为一名辅导员,AKA"表姐",工作中经常跟表格打交道,没想到去了冬奥,仍然没逃过"做表"的命运。由于演出的高度保密性,进入每一个训练场馆都需要不同的通行证,包括筹备期证、运行期证、联排演练证、闭幕式演出证等5种证件,而每一个证件的背后都是二百多条信息的收集和汇总。还记得第一次填报证件申领表时,演员当天晚上11点才结束排练,而第二天一早就要向奥组委报送表格和证件照,所以只能当晚核对、汇总好所有演员的信息,这也是我第一次为冬奥熬夜。到了北京之后,每天进入训练场地前都要报送当天入场

第三章 家国情

赓续传承　共创未来

人员疫情防控表，你可能会想"报个表有什么难的"，确实，报表不难，但由于需要填报入场当天的行程码、健康码和北京健康宝截图，而每天早上8点进场后所有人的电子设备都要上交，因此留给我们填表的时间非常紧张。开始时我们网格化管理，由小组长在每天零点刚过就收好各组演员的信息，最后由领队汇总，而这项工作通常要进行到凌晨一两点才能完成。就这样过了几天，我们眼看着演员们每天训练如此疲惫还要熬夜填表，实在心疼，于是头脑风暴寻找新的办法，在多次尝试并解决了图片浮动、文件乱码、格式出错等技术问题后，启用了在线表格，演员只需要在每天早上前往训练场的路上填报即可，也终于让每天的报表变得轻松。

听完表格的故事，你可能会想：你在冬奥做的事一点都没有想象中的波澜壮阔。确实，北京冬奥是一场非凡的盛会，但对于每一个在冬奥闭幕式幕后岗位上的人来说，职责就是做好每一件和演员相关的事，无论大小，报表格、发盒饭、联系通勤车、预约核酸、领取发放物资、运送道具等等。我们将自己的身影嵌入冬奥的宏大叙事，用日常小事的付出和汗水保障每一片小雪花在举世瞩目的舞台精彩绽放。我们不在闭幕式舞台上，也不是镁光灯下的主角，却又始终与他们同在。

累吗？累。想过放弃吗？没有！学校相信我，我就不能辜负组织的信任。于是，当接到通知需要有领队与入场式演员在演出后一同进入闭环时，作为展演团队临时党支部书记的我主动承担了这个任务。演员们真正走闭环路线只有演出当天，并且绝不能走错。因此演出前一天，我跟着统筹人员对路线进行踏勘，从哪个口出，在哪里转场，从哪条路离开，去哪个停车场乘车，任何一环都不能出差，这让我这个路痴很是紧张，我边走边记边拍照，在脑子里演练了无数次。

最终，在经历了热场节目取消、转场鸟巢实地彩排推迟、正式演出当天修改节目方案等一系列波折后，终于迎来了正式演出。这一晚，所有期待、紧张与焦虑一直在内心翻滚，就像一座即将喷发的火山。但是，当国旗升起、国歌奏响，没有人会在意过程的艰辛，只有止不住的泪水和溢出胸口的民族自豪感。当熟悉的音乐响起，没有人会吝惜当下的汗水，每一位演员在场上都尽情地微笑、恣意地舞动，让观众看到中国青年的活力与风采，让世界看到奥运精神的延续与传承。这一刻，全世界的目光聚焦在鸟巢，255片燃烧的雪花美丽绽放。我想，这晚的鸟巢就是最生动的爱国主义教育课堂。

因为要提前进入闭环区等待，很遗憾演出当晚没能在候场区把小舞蹈家们送上舞台。入场式结束后，孩子们兴奋地从下场口跑向我，和我击掌、拥抱，虽然已经累到体力不支，激动地语无伦次，也要与我分享他们此刻的澎湃心情，"老师我好开心啊，刚才在舞台上我比排练时候兴奋一千倍"，"老师你看，这是武大靖的签名，快帮我拍张照"，"我觉得我现在还有力气能上去再跳个尾声"。

绚烂的烟火在鸟巢上空绽放，宣告了我们冬奥之旅的结束。我们相聚于这个冬天，共同织就着关于奉献、热爱与绽放的冬奥梦想，共同传递着"更高、更快、更强——更团结"的奥运精神，共同呈现了简约、安全、精彩的冬奥盛会。带着这份荣光，我回到了学校，把自己作为学生近距离了解冬奥的窗口，把我的冬奥故事和所见所想讲给他们，带他们一起感悟北京冬奥精神。火炬虽灭，未来已来，燕大人怀揣梦想与奋力拼搏的故事从未结束。

第三章　家国情

赓续传承　共创未来

唱思迪（一排左三）与学生演员在京庆祝春节

唱思迪（一排右一）同其他驻京领队教师在出征前合影

奥运梦 志愿路 家国情

微光成炬

王世运

燕山大学机械工程学院辅导员

随着北京 2022 年冬奥会、冬残奥会的圆满结束，我们的志愿服务工作也完美收官。我所负责的工作模块是赛事服务领域运行支持模块，今天同大家分享那段珍贵记忆里的点点滴滴。

国家冬季两项中心赛事服务领域运行支持工作组的日常工作主要是负责新闻宣传、物资保障、人员支援等，竭力为观众观赛和本领域志愿者做好服务保障。因此除了志愿者，我们还有很多其他的"身份。"

首先，我们都是记者。在新闻宣传工作中，我们总共撰写推文新闻 17 篇，制作日报 15 份，拍摄照片 5000＋，制作视频 5 个，完成"志愿者说"15 份。从冬奥到冬残奥，我们用文字诠释着志愿者工作的苦与甜，我们穿梭在冰玉环的每个角落，用照片定格每位志愿者的美好瞬间。

我们还是兢兢业业的快递员。在物资发放方面，我们在冬奥会和冬残奥会期间，为领域内发放物资 20 余次，发放物资数百件，只要大家有需要，我们就会推着小推车，送到大家手里。无论是墨镜、指挥棒，还是大喇叭、小蜜蜂，运行支持随时为大家服务。冬残奥会期间，观

第三章　家国情

赓续传承　共创未来

王世运（一排左三）带动观众合唱《歌唱祖国》

众流量大，前院客流管理的小伙伴来不及赶回来吃午饭，于是我们就又成为一名外卖员，每天中午都横跨半个冰玉环，为前院志愿者送去热乎乎的饭菜。我觉得这应该就是最美的情话——只要你要，只要我有。

我们是观众引导员、看台气氛组，哪里有需要，哪里就有运行支持的身影。我们每天都有两到四位运行支持的小伙伴去支援看台，早早就和看台引导的志愿者迎接引导观众，站上看台带领观众摇旗呐喊。除此之外，还有一位重要的观众联络人——郭凯宇，他的工作从比赛前一天的晚上就开始了，从联系属地观众、了解观众信息和人数，到拖着扭伤的脚每天跑两趟冰玉环，亲自迎接观众。也正因他，我们的赛事服务才能时刻掌握观众动向，对我们的工作开展有极大帮助。

每一天的工作虽微小简单,但正是大家一点一滴的努力,铸就了不凡,我们用脚步丈量冰玉环的漫漫长路,用相机记录志愿者最美好的瞬间,用文字传递志愿能量,一身"天霁蓝",一颗火热心,一张张灿烂的青春笑脸,国家冬季两项中心的每一个赛事服务场地都有我们的足迹。

微光成炬,向光而行。在冬奥会和冬残奥会上,我们用热情的笑容,悉心的服务,向国际友人展示着中国的包容与友爱,而今冬奥落幕,志愿工作告一段落,但我们依然会传承志愿精神,展现青春风采,奋楫扬帆,一起向未来!

王世运(左一)为观众扫落身上的积雪

第三章　家国情

赓续传承　共创未来

最浪漫的事
成为燕大冬奥人

赵博文

燕山大学信息科学与工程学院 2020 级博士生

这个冬天最浪漫的事，莫过于成为一名北京 2022 年冬奥会、冬残奥会志愿者。

我既是一名光荣的中共党员，又是一名在读的博士研究生，担任张家口赛区古杨树场馆群国家冬季两项中心赛事服务行政管理组长。

相约冰雪，初心奔赴

生逢盛世，定当不负盛世，一句"如果组织需要，我义不容辞"让我成了最早的一批冬奥志愿者。2008 年奥运梦在我的心中生了根，对"北京 2022"早已心向往之。能服务冬奥，为国效劳，是一辈子的骄傲。"家门口"办奥运，是河北的荣耀，更是时代赋予青年的责任，作为一名青年党员，更当义无反顾地奔赴这场冬奥盛宴，让此次初心的奔赴，成为一生的荣耀。

赛事服务，工作坚守

工作期间，在赛事服务经理和模块主管的领导下，我带领组员坚守工作一线，扮演好"大管家"的角色，克服人员不足等困难，为赛事服务各业务模块的顺利运行提供了强有力的支持：协助前院客流模块引导观众入场；支援看台引导模块带动观众气氛、提升观赛氛围；负责场馆通行权限控制，做好环内外最后一道防线。"有困难找运支"这句话不是嘴上功夫，我和模块伙伴用实际行动诠释了赛事服务一家人的精神。

为在岗志愿者送上口罩和暖贴，记录志愿者的最美瞬间、汇总每日工作简报、宣传志愿者典型事迹……每个细节都凝聚着我的细致与专注。脸颊通红、手指冻僵也没有让我畏惧与退缩。日均4个多小时的户外执勤和25000余步的记录是对"更快，更高，更强——更团结"奥林匹克格言的致敬，更成为我此次冬奥之行的最美见证。

以心易心，传递温暖

在这里待得越久，我越明白自己身上的责任。我始终秉承"奉献、友爱、互助、进步"的志愿精神，坚持"为他人服务，不求回报，热爱奉献"的原则。站在离赛场最近的服务岗位上，专注于自己的事情。虽然不能第一时间看到比赛直播，但每当看到观众与自己互动，一句简单的"志愿者辛苦啦！""谢谢你们！""新年快乐！"，这就是对我最大的鼓励和认可，觉得所做的一切都是值得的。

"如果生命有裂缝，那是光照进来的地方"，冬残奥会的志愿服务经历让我感受到"同样的生命，别样的精彩"。一双双清澈的眼睛，是心与心的辉映；每个努力的自己，都拥有专属的风景。身残志坚，永不言弃。冬残奥运动员以非凡的勇气、坚韧的毅力，用实际行动鼓舞人们勇敢面对生活的挑战。我立志用自己的言行传递"勇气、毅力、

第三章　家国情
赓续传承　共创未来

激励、平等"的残奥价值观，用心关爱身边每一个需要帮助的人。

肩负使命，同向同行

经历冬奥，让我更深刻地认识到了肩负的时代使命。开闭幕式的震撼场景、智能无人餐厅、运动员训练设备等黑科技让我振奋不已。作为一名计算机专业的博士生，我始终牢记习近平总书记"新时代中国青年要担当时代重任"的嘱托，以"功成不必在我"的精神和"功成必定有我"的担当投身于科技兴国事业，将人工智能技术应用到国家基础建设上，努力解决"卡脖子"问题。与国家、民族的发展同向同行、同频共振，用心参与，用心付出，用自己的能力回馈国家，回馈共同生活在这片蓝天下的每一个人。

初心不改、风帆再扬。冬奥会与冬残奥会的落幕，既是结束也是开始。传承红色基因、践行初心使命，我将继续提高政治站位、明确责任担当、弘扬志愿精神、增强科研能力，让青春之光闪耀在祖国需要的地方，让"志愿蓝"成就更好的"中国红"，践行好习近平总书记"不负时代，不负韶华"的殷切嘱托，为实现中华民族伟大复兴的中国梦不懈奋斗。

赵博文（后排右一）赛前为残障观众提供助行服务

奥运梦 志愿路 家国情

青春燃雪花
真情暖寒冬

富宏宇
燕山大学文法学院 2019 级本科生

  我服务于国家冬季两项中心赛事服务领域，如果要我用一句话来形容自己的冬奥志愿服务感受，我想一定是"冰""火"两重天。"冰"意味着张家口寒冷天气带给我们的生理挑战，是外界的寒冷与艰苦；而"火"象征着我们身为冬奥志愿者火热的内心。在这"冰"与"火"的交融之中，我们不断在寒冷的天气环境和温暖的真情之中寻找坚固的情感维系，最终发现志愿者的身上仿佛有一种温暖又坚定的力量，能够使人在寒冬腊月如沐春风。

  我的冬奥故事，开始于我刚上大学那年的秋末，学院开始了第一次冬奥志愿者的招募活动。报名冬奥志愿者，起初是一个懵懂的冲动，后来我发现这是一个勇敢的决定，是一次全新的体验。从报名到最终入选，前后共计六轮面试和测试，面试老师和培训老师们一次又一次地强调艰苦的条件和很可能会枯燥的工作，我也一遍又一遍地肯定着"我不怕条件艰苦，我愿意肩负使命"。而现在，我也能有底气地、骄傲地再一次重复出这句话："我不怕条件艰苦，我愿意肩负使命！"

  冬奥志愿者就像世界认识中国、了解中国的一面镜子，而我所在的

第三章　家国情
赓续传承　共创未来

国家冬季两项中心赛事服务领域看台引导模块，更是整个大型赛会的门面之一，我们直接与观众接触，观众的观感如何与我们的服务动态直接挂钩，而看台所呈现出来的动态被转播在全世界的电视中，更是直接向全世界人民展现着中国和中国人民的面貌，所以我们在冬奥会和冬残奥会正式开赛之前进行多次演练，在演练的过程中，我们预设了多样的突发状况，并提出解决预案。在冬奥会开赛第一天，我们将看台引导的工作延伸到了冰玉环上，将看台按照每场观众的地域和车次进行划分，组织观众在冰玉环上排队，并引导观众有序入场，过程中融入了对场馆的介绍，避免观众出现迷路甚至破坏场馆的现象。因天气寒冷，为避免观众不能坚持观看完整场比赛，影响观赛体验，我们要提前了解赛程以及参加比赛的运动员名单，将讲解贯穿于观赛过程中。在比赛结束后，我们随着《一起向未来》的音乐在看台前舞动，调动气氛，提高观众的热情。

赛事服务志愿者是观众顺利观赛的最后一厘米，这一厘米也许十分微小，也许十分不起眼，但却是抵达人内心的重要一步，也是至关重要的一环。办好冬奥会是中国对世界的庄严承诺，而我们穿上这一身冬奥志愿者的服装，就有责任、也有义务去实践这份承诺，去承担这份责任。能够成为一名冬奥志愿者，能够成为这"最后一厘米"，我与有荣焉。

因为身材比较娇小，我在服务期间经常会被观众误认为是未成年的小孩。还记得有一次我在和其他志愿者伙伴们维持即将入场观众的秩序时，我手里举着标识，边挥手边以最热情饱满的音调引导观众"大家请到这边排队，我们马上进入看台啦！"在我面前排队的观众从兜里掏出了一把糖，塞给我，说："来，小孩儿吃糖！"然后指着我跟旁边的志愿者说："你看她这么大点儿就跟着你们出来志愿服务啦！"当时我的心里五味杂陈，既有收到糖的甜蜜，也有被当作小孩儿的苦涩，甚至夹杂了一些我比较显小的安慰，我耐心地跟观众们说："其实我们这些志愿者都是大学生，年龄差不多啦！"从小到大，每次和同学朋友一起出去，我总是会因为矮一截被认作小学生，甚至一度因身高有些自卑，但是在冬奥志愿服务期间，我第一次真正将这些外在抛了开来，去感受人与人之间的真情，以真心换真心，以真诚自信的面貌去赢取他人的信任，用一颗充满热血的心感受场馆中流动的温情，去自信而有底气地宣传冬奥故事和志愿故事。

不仅有志愿者与观众之间的美好情谊，我所收获的还有与其他志愿者之间的互助情谊，看台引导领域因工作较为密集，需要人员较多，而本模块人员并不能满足需求，于是"一方有'难'，八方支援"，几乎所有赛事服务领域的模块都派出了志愿者来帮助我们，共同营造活跃有序的看台氛围。其实在冬奥会期间，有许多任务都不是单独个人、单独模块能够独立完成的，而是需要通过大家的通力合作，比如看台氛围的打造需要更多志愿者的参与，比如庞大的扫雪工作需要每一位志愿者都参与其中，使场馆成为皑皑白雪之中的一方净地。大家只有一起携起手来，拧成一股绳，以小我汇聚大我，才能把各项工作做到极致。在这短短的两个月，通过赛事服务领域 101 名志愿者的通力合作，我真正感受到了我们要的不是"我要比你好"，而是"我们一起把冬奥会服务得更好"。我想，整个冬奥会共计 1.8 万名志愿者，我们每个人都用自己的力量汇聚成为对志愿服务的热爱，这便是极致的美好。

在这两个月里，我和志愿者伙伴们一起度过了小年、春节、元宵节等多个中华民族传统节日，这些节日于传统意义而言是合家团聚的节日，而在这不平凡的一段时间里，我以另一种方式陪伴在家人们的身边。我的爸爸妈妈对冰雪运动不感兴趣，但在冬奥会和冬残奥会期间，家里的

第三章　家国情

赓续传承　共创未来

电视却一直停留在冬奥会和冬残奥会的直播与转播上，他们经常看我所在的国家冬季两项中心的比赛，寻找观众席中闪过的"小蓝"身影，拍照询问那是不是我，给了我许多鼓励与关怀。

用一段不长的时间，去做一件终生难忘的事情。能够作为冬奥志愿者参与其中，展现出中国青年、燕大青年的风貌，是我人生中为之骄傲的一刻，能够在人生中画上这样一朵冬奥的雪花，是我最大的幸福。生逢盛世当不负盛世，冬奥的结束并不是我们志愿服务的终点，我也坚信在未来会有更多的青年人踏上志愿服务这片热土，而经过我们大家的共同努力，未来也将更加繁盛！

富宏宇在上岗之前准备当日物资　　富宏宇（左一）在赛前对观众区域进行位置规划并张贴提示标签

奥运梦 志愿路 家国情

冬奥给我的那些幸福与感动

丁旺龙
燕山大学艺术与设计学院辅导员

　　北京冬奥会已落下帷幕，作为燕山大学冬奥闭幕式演职团队带队老师的我，每每回想起这段冬奥时光，都不免感触颇多。去往北京这一遭，也算是圆梦吧！

　　我清楚地记得2008年北京奥运会带给我的震撼，为祖国骄傲自豪的强烈感觉。站在电视屏幕前我信誓旦旦对爸妈说，以后上大学了我也要去当奥运会的志愿者，去鸟巢里看一看。现在虽然当不成大学生志愿者了，好在还算年轻，还能有机会为冬奥做些什么。

　　在北京的日子说长不长说短不短，差不多一个月的时间，而我们233人冬奥之旅真正的开始，要从秦皇岛的演员选拔和分组排练算起。

　　12月的秦皇岛，海风清冽，奥体中心室内外的体育场里，同学们却练得火热。有时候为了更清楚地看到排练的队形效果，我就去往高高的观礼台，上面的风更大，但内心对排练效果的欣喜仿佛已让我忘却了寒风，感受着同学们的动感与活力。就这样，在这个特殊的冬天里，在从学校东西区到奥体中心的这条路线上，接送演员们的公交车日复一日、来来回回，我也眼看着同学们排练成果的从无到有，从细小的舞蹈动作

第三章　家国情
赓续传承　共创未来

到成型的队形变换。直到今天我都非常清楚地记得，当我第一次完整观看完同学们排练成果时的惊诧和震撼，惊诧于他们的进步神速，震撼于他们的气势恢宏。直到今天我也仍旧觉得可惜，我们排练最久、付出最多的热场环节未能出现在直播中，虽然大家都非常清楚地明白，所有的组织和安排都是为了整体效果的完美呈现。那就把这份遗憾继续保留吧，保留在我们 233 个演职人员的记忆里，保留在每个冬奥人的心中，也许正是这些许的不完美，才让我们的成长更飞速，记忆更铭心。

如果说，要用一个词形容这 86 天的工作，我想用"陪伴"来形容。冬奥的筹备工作是繁杂且琐碎的，那些并不能量化的"琐碎"，却让我感觉很幸福。在北京同吃同住的日子里，那些"唠叨"的通知、长长的叮嘱，那些让同学们多吃饭多喝水多穿衣的日常，那些担心迟到迫不得已的敲门式叫醒服务……现在回想起，依旧怀念。也感谢那些陪伴，让本身作为辅导员的我有机会更了解可爱的学生，从一开始的"导员好"到"丁导""导儿"，从用微笑打招呼到闭幕式结束时的拥抱，以及那些偷偷塞进书包里的暖贴，那些忙到过了饭点却突然递过来的饭菜和酸奶，那一双双主动帮忙提起物资的手……种种变化带给我的触动都让我明白，最好的思政教育是一起陪伴，一起成长。用心去懂，用心去爱，让心与心搭建起桥梁。

如果你问我，从北京冬奥会回来，最大的收获是什么？我的回答可能并不怎么具象。作为燕大冬奥人的一分子，我被授予荣誉表彰，很开心能够得到认可，很荣幸能够参与其中。但仔细想一想，真正让我内心深远持久感动的，是我们认真训练普普通通的每一天；是我们不畏风雪室外起舞的每一天；是我们这个大集体同吃同住，一起熬最晚的夜、一起起最早的天儿的每一天；是我们一起克服各种问题，共同面对的每一天；是我们一箱一箱搬运物资、一份接一份分发盒饭的每一天；是我们半夜编写签到表的每一天；是我们风里雪里走过一道道安检，走过长长的鸟巢外环路的每一天；是我们日复一日穿过长长的鸟巢环廊，领取、分发电池、耳返和对讲机的每一天。是我们面对热场环节被取消的难过，是我们第一次进入鸟巢的欣喜，是我们一起守岁一起度过的除夕夜，是我们初遇大雪里的狂奔，是我们第一次踏上鸟巢冰屏的惊奇，是我们合排得到认可的喜悦，是我们见到张艺谋导演拍下大合影的留念，是对仪仗队的倾慕与仰望，是一起目送国旗升起的热泪盈眶，是闭幕那晚鸟巢里绽放的激动与狂欢，是演出结束踏上归途的沉默与不舍，是听到有关冬奥的每一首音乐都忍不住回想的情难自禁……那是我们共享的冬奥记忆，那是我们笑与泪的华年，那是我们共同见证，每个明天都比昨天更爱祖国的青春奉献。

  那些回忆一幕幕在我的脑海翻飞，犹如昨天。那是86天的美好，是让我们闭幕式演职团队这个大集体真正能感同身受的触动，那是一起回想，说着说着能一起笑一起哭的情谊，那是这辈子可能不会再有的刻骨铭心。我们共同相处，互相陪伴的86天，很满足，很骄傲，很值得。愿我们的未来如同冬奥闭幕式夜晚的绽放，永远满怀希冀、心中有光，永远青春向上、奋进昂扬！

第三章　家国情

赓续传承　共创未来

丁旺龙与学校部分冬奥会闭幕式演职人员在国家体育场鸟巢外合影留念

丁旺龙作为领队教师，带领冬奥会闭幕式演员们
在秦皇岛市奥体中心合排

奥运梦 志愿路 家国情

欣逢盛世
当不负盛世

石晓飞

燕山大学材料科学与工程学院 2021 级本科生

漫天雪花，飘飘洒洒。每一朵雪花，都在讲述一个冰雪故事。今天这朵小雪花的故事，要从一套小小的福娃邮票开始讲起。

2008 年北京夏奥会盛大开幕，可爱的福娃走进了千家万户。有朵年仅五岁的小雪花，收到了爷爷从北京带回的礼物——一套小小的福娃邮票。小雪花对可爱的福娃视若珍宝，一连几夜都悄悄地将邮票压在枕头下，才安然入睡。邮票被压进了枕头底下，而奥运的种子，埋进了小雪花的心底。

2022 年 2 月 24 日，燕山大学官方公众号发布了一则属于燕大人的冬奥成绩单，其中共有 233 名燕大人参演 2022 北京冬奥会闭幕式，为闭幕式顺利举办贡献了自己的力量，这朵小雪花也是其中一员。时隔 14 年，她心底那颗奥运的种子发芽开花，结出累累硕果。

"岂曰无衣，与子同袍"是他们的口号，这朵小雪花和小伙伴儿们一起燃烧，为大地开花。他们一起见过在寒冬凌晨，灯光照射下亮如白昼的室外体育场；一起在晚训结束后落满霜花的电车上，刻画自己的心愿。她亲眼见证了五星红旗在国家体育馆冉冉升起，见证了运动员入场

第三章 家国情

赓续传承　共创未来

式大片大片的中国红,见证了"来时迎客松,去时折柳送"的中国浪漫。这朵幸运的小雪花,就是我。从可爱福娃到冰墩墩、雪容融,从"同一个世界,同一个梦想"到"一起向未来",无数小雪花与时代、与国家同频共振,冬奥之光照亮冰雪,燕大力量生生不息,青年和国家双向奔赴,我是何其有幸在最风华正茂的年纪遇到了百年难遇的机遇。

印象中第一次知道奥运会这个概念是在 2008 年,张艺谋导演的奥运会开幕式深深震撼了我。击缶而歌的倒计时,2008 名乐手,2008 面缶,组成宏大而庄严的缶阵。在"日晷"影像反射的光芒中,滚滚春雷声霎时席卷缶阵,响彻全场,响彻全世界。巨大的倒计时数字、全场观众的呐喊声、撼人心魄的缶乐声、"有朋自远方来,不亦乐乎"的豪迈高歌声,撞击着全世界观众的耳膜,透着好客中国人无比的热情与真诚,也在年幼的我心中埋下了一颗奥运梦的小种子。2015 年,在初中的一堂政治课前,老师为我们播放了北京申办 2022 年冬奥会成功的新闻,不少同学兴奋地欢呼起来,或许那时觉得冬奥会离我们很遥远,但每位同学都有着身为中国人的自豪与骄傲和"欣逢盛世,不负盛世"的责任感。北京,我们的首都,成为第一个双奥之城,这怎能不令我们欢呼雀跃。

闭幕式排演正好赶上大一寒假,作为一名大一学生,学业压力自然低于高年级的学长学姐,自己的时间也更多。能够集中精力去参加这样一个国际性的大型活动对我本身而言也是一次难得的经历,可以开阔眼界,增长见识。其实早在高中我就尝试报名参加冬奥会志愿者的选拔,遗憾的是因为年龄、地区、疫情等条件限制,最后不了了之。所以在收到闭幕式演员的报名通知时,我非常兴奋,有一种失而复得的惊喜感。如今的中国国力强盛、海晏河清,能站在闭幕式的舞台上迎接远道而来的客人,这是多么荣耀的一件事。事实证明,这确实是一段让我终生难忘的珍贵记忆，在这个过程中我见到了盛世中国，也认识到了很多好朋友，锻炼了自己的能力。

2021年11月，我兴致勃勃地交了报名表，经过导演组几轮的演员选拔，很幸运地被选中，成为北京冬奥会闭幕式的演员之一。得知自己能有机会登上闭幕式的舞台，向全世界展示中国青年的风采，我的内心无比激动也无比满足，我竟然真的实现了童年的梦想。也就是在那一刻，我在心里暗自发誓，无论排练多么辛苦，一定会完成好这项艰巨又光荣的任务。

11月底，来自秦皇岛各个高校的415人集结在一起，组成北京冬奥会闭幕式展演团队，开始准备冬奥闭幕式热场表演，所有人都对自己所要表演的节目充满了期待。在秦期间，考虑到大家的学业，加之时间临近期末，我们的训练时间基本为周一到周五的晚上和周末全天。415个人被分成了六个组，来演绎六段不一样风格的舞蹈，我被分到了第五组，节目的动作并不是非常难，但是需要道具辅助，是一个有着金属杆的巨型大手，同时整个节目偏向于健美操类型，每个动作都需要一定的力度，为了整体舞台效果的呈现，需要我们全组默契配合做出复杂的队形变化。节目也在根据演员情况一直变换动作，出于保密原则，我们甚至在一开始并不能见到其他组的表演，也不能听到最终版的音乐，这对于我们的脑力体力和灵活性都是巨大的考验。训练结束回到学校已经夜深人静，大家的电动车座表面都落了一层冰花。

2022年2月20日，期待已久的日子终于到来，站在主席台下，看到习主席与夫人的身影，所有人释放出满怀的热情，向着主席台欢呼，那一刻，我感受到了从未有过的自豪感。在运动员入场式前，我们站在备场口，当国歌响起、国旗飞扬的那一刻，我们激动万分。望着冰莹莹

第三章　家国情

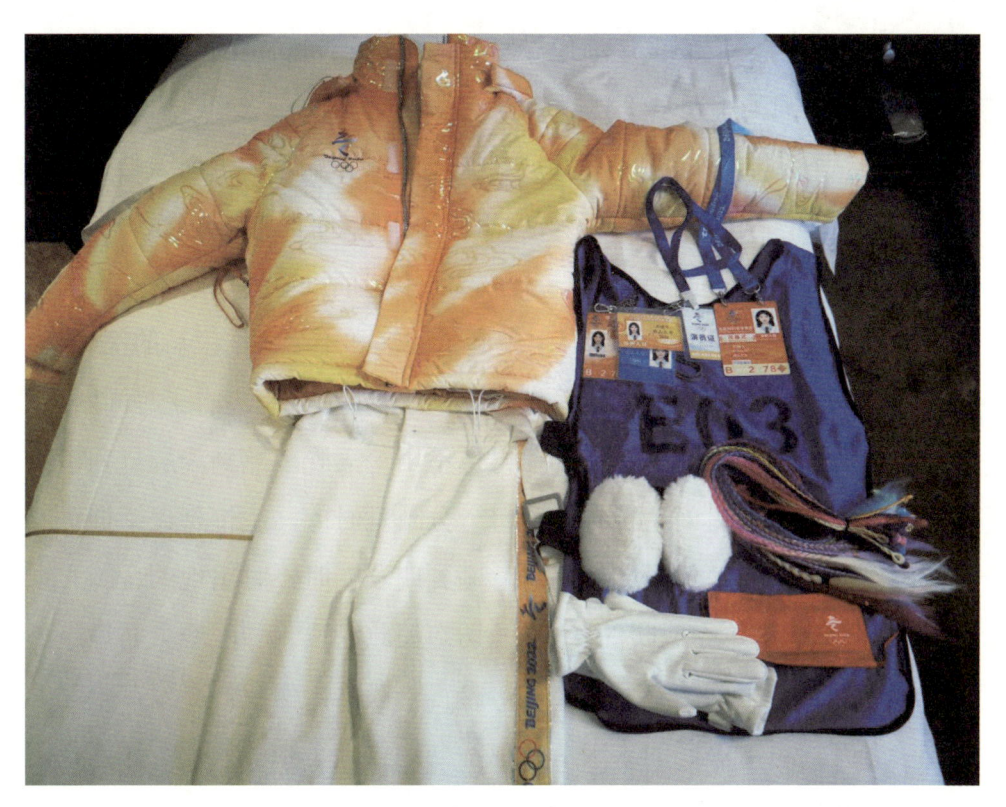

赓续传承　共创未来

石晓飞的冬奥会闭幕式演员服装

　　的地坪，心里充满了骄傲与自豪。运动员入场式上，当大片夺目的红色从通道涌出，走入我们组成的中国结，鲜艳的五星红旗映入我们眼帘，欢呼声冲破鸟巢，每个人都无比兴奋。在鸟巢隔离区望着上空绽放的烟花，伴随着《我们在一起》和《燃烧的雪花》的旋律响起，我突然意识到我的冬奥之旅结束了。

　　一次次披星戴月地奔赴排练场，一次次在场地上冻到脚趾发麻，我总会告诉自己，要怀着一颗热忱的心去享受这个过程，不要忘记有这么多人在背后默默为最终能站上舞台的我们提供着温暖。学校的领导和老师也十分关心和帮助我们的训练，常常发来信息询问身体状况，也一直关心着我的学习。我们也逐渐像导演说的那样，和同台的演员"成了一家人"。我会因为小朋友给我展示自己漂亮的画作、塞给我糖果而开心，漂亮姐姐从身上撕下暖宝宝趁休息塞给我而感到温暖，也会因为爷爷奶奶一句"孩子，别老坐地上，小心着凉"的叮嘱而百感交集……

  作为北京冬奥会闭幕式的一分子，回想起顶风冒雪、起早贪黑的训练时光，我和全体演员一样，心中溢满了回忆和不舍。结束后的第一天，我们进入隔离酒店，也开始了正常网课学习，生活中也没有了时间紧凑、计划详细的乘车安排和排练计划，再也不用每天晚上熬到凌晨只为了看一眼第二天的出发时间，精打细算每一分睡觉时间，生怕延误了训练。生活渐渐回归平淡，但当翻看相册，刷到朋友圈时不时出现的合照、视频时，依旧会想起这个温暖的冬天，一切都如此温暖、美好、令人骄傲……几个月来的奋斗虽然随着冬奥会的落幕告一段落，但我们凝聚在一起的心不会分开，再次燃起的家国情怀也不会熄灭。每个冬天都想起，我们在一起，我们会带着雪花的光亮，一起向未来！

第三章　家国情
赓续传承　共创未来

"双领域"雪花的冬奥故事

冀婉钰
燕山大学艺术与设计学院 2020 级硕士生

北京 2022 冬奥会、冬残奥会期间，我作为为数不多的"双领域"志愿者，服务于国家冬季两项中心。

从报名冬奥会志愿者到真正来到张家口赛区，我的脑海里曾出现过一个又一个充满向往与疑惑的问号：2022 年 2 月 4 日冬奥会在北京开幕，那时我会在哪里呢，我有机会成为一名光荣的冬奥会志愿者吗？如果真的去了冬奥现场，我又会具体做些什么志愿服务工作呢？现在回过头来看，这些曾经在我脑海中画出的问号已经有了答案。在经历数不清的选拔和培训后，在进行过一轮又一轮的体能测试与训练后，在认真学习完北京冬奥组委为志愿者规划的几十门课程后，2022 年伊始，我有幸加入了这场国际盛事，和冰雪结缘。

记得在去张家口之前的某一个晚上，我特别激动地跟好朋友打了一通电话，告诉她我马上就要去服务冬奥了，她问我："你是什么志愿者啊？具体做些什么工作？"我说："我是媒体志愿者，具体工作嘛！这得等去了之后才能具体说！"她说："是不是有媒体记者采访运动员的时候，你在旁边帮忙拿着麦克风？或者是帮摄影大哥背着大型专业设备在采访区来回穿梭？"当时，我也不知道该怎么回答，甚至觉得她描述的还挺有画面感，脑子里的自己已经开始给采访记者和运动员来回传递有线话筒了……就是带着这样的期待与兴奋，1月24日，我终于幸运、开心、如愿以偿与众多小伙伴们一起启程奔赴崇礼，并作为一名记者工作间助理服务于国家冬季两项中心场馆媒体中心。

在洁白如雪的赛道之外，有一些不起眼的活动板房，而我的工作地点——VMC（场馆媒体中心），就坐落在那里。我的工作职责有：统计汇总到访记者名单，发布与竞赛相关的各项最新通知，协助业务经理做好混采区的申请受理、核准和辅助通行物的发放，等等，服务对象则是来自世界各国的媒体记者。这些服务内容看起来只是一些琐碎的小事，但"把每一件小事做精、做好"，是我对自己提出的要求。

2022年2月5日，冬两场馆开始了本次冬奥会的第一场赛事——混合接力4×6km。不论什么事情，凡是带上"第一次"的字眼都会让人感到格外激动，即便之前做过多次情景模拟演练，但正式比赛时我还是遇到了突发状况。由于新闻混合区的空间有限，为保证防疫安全，只有持"新闻混合区辅助通行证"的媒体才可进入。在比赛当日，一位外国记者由于个人行程安排问题错过混合区预约时间，因此按照规定无法进入该区域。经过我的一番询问，他向我说明，他是他们国家当日派来的唯一一位文字记者，并且在即将开始的比赛中有其国家运动员参赛，所以能否进入混合区对他而言十分重要。了解情况后的我立即向主管说明情况，并为其申请进入混合区的权限，最后，他顺利进入混合区并用稍显蹩脚的中文对我表示了感谢，那一刻我真真切切地感受到了志愿服务本身所拥有的无与伦比的快乐。

赛时的每天都忙于工作，可是总会在记者点头致谢和挥手道别的瞬

第三章 家国情
赓续传承 共创未来

间中猛地感受到这份工作带给我的温暖与感动。记得那天，崇礼的雪很大。我一如既往在 VMC 接待台忙碌地工作，有几位外国记者扛着大型设备进门向我咨询借柜服务，由于长时间在户外工作，我看到他们的脸和手被冻得通红，于是主动询问他们是否需要暖贴，接过暖贴后，他们的表情中流露出对中国志愿者的赞赏，并在离开时送给我一枚纪念徽章以表示感谢。

在残奥会开始之前，一个偶然的机会，使我的志愿角色发生了小小的转变。这一次，我从"记者工作间助理"转变成为"颁奖礼仪"，这也就意味着离比赛一线更近了一步，但同时"跨领域""换角色"这件事给我带来了更大的挑战，"夜间""室外""低温""强光""零失误"这些关键词也给我提出了更高的要求。

与其他颁奖礼仪人员不同，我作为临时调动的志愿者，之前并没有接受过系统的训练，而我所做的工作是在镜头前引领获奖运动员在赛场举行宣告仪式，这其中的每一个步伐、每一个站姿、每一个手势，甚至每一个眼神，都会通过互联网向全球直播，所以"准确"是非常重要的。为此，在冬奥与冬残奥转换期间，我一刻没有停歇，不能停歇，也不敢停歇，总是独自去雪场加班加点地练习。看似简单的托盘走路，真正落实在具体行动上，才发现其中所涉及的步伐节奏、每一步迈开的距离、行走路线中不同路段的眼神与微笑的变化，还有需要始终保持挺拔的体态，都没有"看起来"的那样简单。这一切的一切都需要不断地反复练习与雕琢。单是出场行走的路线和拿托盘的手势，就够我每天练习几个小时了。不仅是我，隆重盛大的颁奖仪式背后，是众多工作人员的默默付出。转换期间，礼仪人员、体展导演组、播报员、志愿者……各部门配合不知道进行了多少次全要素彩排，只为确保这短短几分钟的完美呈现。

2月的崇礼真的很冷，零下二三十摄氏度的天气无疑增加了训练难度。风雪交加时，在湿滑的雪场，不仅要穿着七八厘米的高跟鞋走来走去，还要保证每一步都走得既稳当又不失美感，即使我把发热石墨烯挡位开到最大，即使我从头到脚把能贴暖贴的部位贴了个遍，也依然感受到刺骨的冷空气透过礼服一阵一阵地往我身体里钻；阳光明媚时，又会面临新的困难：太阳光直射雪场，反射进眼睛里格外刺眼。即便作为一名音乐表演专业的学生，还算有着较为丰富的演出经历，对于我来讲，舞台上的聚光灯跟雪场的太阳光都让我一时无法适应。虽然一场颁奖仪式只有短短几分钟的时间，但强光的照射总是不经意间使我的眼睛鼻子变得辣辣的，刺眼！是真的刺眼！可阳光越是刺眼，我的眼神就越是坚定，并且内心不断给自己加戏，"眼睛睁大！职业素养！睁开睁开！"每每看到自己身上的"中国红"，我都在想，能够在青春正当好的年华，和伙伴们一起为祖国贡献青春力量，这是一件多么幸福而又自豪的事情啊。

当引导语由"Please follow me"换成"请随我来"时，当看到中国运动员身披五星红旗时，当《义勇军进行曲》激荡在运动赛场时，这一个个高光时刻无一不在深深地触动着我的心灵。那一刻，我欣赏到的不仅是冰雪运动之美，更是运动员所展现出的拼搏精神和无畏勇气，展现出的自强不息、勇敢追梦的奋斗意志，展现出运动给人生带来的乐观自信。站在赛场，就是强者。

令我印象深刻的瞬间还有很多很多：奥地利视障运动员牵着自己的导盲犬 Riley 一同登上冠军领奖台；德国选手莱奥尼·玛丽亚·瓦尔特和自己的领滑员总是面带极富感染力的微笑；伊朗选手步履艰难，虽位列末尾仍坚持完赛……冬两的赛场冷冽又热情，见证着运动员的高光时刻，他们是冒险家、是艺术家，是永远在战胜恐惧和过去自己的浪漫主义者。

第三章　家国情

赓续传承　共创未来

冀婉钰（左一）为国外记者办理辅助通行手续

每一个情不自禁的微笑、每一双闪着泪花的眼睛都如此动人，我发自内心地为他们感到喜悦。在这期间，我深刻地体会到了奥林匹克精神的真谛，无论是追求人类极限的努力还是追求梦想的坚持，每每想起都让我热泪盈眶。

在一个多月的赛程中，我有幸见证了一个又一个夺冠瞬间，在现场为运动健儿欢呼雀跃，为语言沟通架起桥梁，在赛场保障颁奖仪式工作顺利进行。见过赛场上的神仙打架，见过跨越几个时区也不变的勇气，见过运动员与领滑员在领奖台上相护相拥……见过太多太多闪闪发光的时刻。建立了数不清的纽带，我张开双臂和世界更紧密的联结。这是祖国跨越了14年的等待，我也有幸作为其中一片雪花，在国家冬季两项中心承接了全世界眺望的目光。不仅是我，还有每一名燕大冬奥志愿者，如同燃烧的雪花，在讲述着关于冰雪与奉献的故事。奉献于冬奥一线的燕大冬奥人，诠释着"燕山学子气如虹"的真谛，唱响了划破长空、属于燕大的时代之歌。一道道流动的志愿风景线，一张张灿烂的青春笑脸，传递了团结友爱，展现了昂扬向上的青春风采，点燃了冰雪运动的激情，激扬起一起向未来的澎湃力量，也让世界看到了一个开放、自信、阳光的中国。

感谢奥林匹克让爱和友谊永不落幕！我将永远记得这个冬天！

冀婉钰在等待宣告仪式举行

第三章 家国情

赓续传承 共创未来

与冬奥携手同行

黄子曼
燕山大学建筑工程与力学学院 2020 级本科生

从 2008 年到 2022 年，从坐在电视机旁懵懵懂懂的小女孩到如今成为一名光荣的冬奥会志愿者，这是我人生中做出的第一个最勇敢的决定。

在彷徨与迷茫中相遇冬奥

当我从同学口中得知招募志愿者的消息后，我感到十分惊讶。在我的心目中，冬奥会这种国际大型赛事对我来说简直遥不可及。在同学的鼓励下，我抱着试一试的态度报名参加了志愿者的选拔，并且顺利通过了六轮选拔，成为一名光荣的志愿者。在面试过程中，面对学业等各种压力，我曾经一度想要放弃这次机会，可当我看到同行的伙伴们在为了成为一名冬奥志愿者而努力拼搏的时候，我常常反问自己来面试的初心。是的，我想为我的祖国贡献出一份属于我的力量！道阻且长，行则将至，行而不辍，未来可期。坚持下去，不管结果怎样，都至少证明我付出了我所能做到的最大努力，让自己不留遗憾！终于，经过一年多的时间，我如愿以偿，从此与冬奥会结下了深深的情缘。

在紧张与期待中准备冬奥

在出发至张家口之前,我们在学校里度过了一段难忘的留校时光。寒假到来,面对开心回家过年的同学们逐渐离开校园,心中不禁产生一丝失落。第一次体验独自一人的生日会,第一次体验羽毛球,第一次离家在外过新年……人生中很多很多的第一次献给了这次勇敢的决定,我也在心中更加坚定了我的信念,我要去做的是一件光荣的大事,这也是我人生中目前为止过得最有意义的一个春节。满怀期待到达张家口,这里的一切都是那么的新奇,风景是那么的壮美,场馆是那么的宏伟,各种冬奥会的标识映入眼帘,浓浓的冬奥气息扑面而来。

进入场馆,我们每天都在认真推敲工作过程中的每一个细节,力争把每一种可能遇到的情况考虑周全,我们也在工作中收获友谊共同成长。早就听闻张家口天气严寒,到达实地更能领略到它的名不虚传,工作第二天,我的脸颊就被冻伤,呈现出红肿的症状。由于我们的工作地点在室外,低温是我们必须克服的难关,厚重的装备阻挡不了我们工作的热情,同伴间的关怀让我们充满温暖。场馆中身着各色工作制服的工作人员为了同一个"冬奥梦"而共同奋斗着,忙碌着的身影充满了浓浓的人情味儿。

在骄傲与自豪中牵手冬奥

2022年2月4日晚8点,北京冬奥会拉开了序幕。整个开幕式处处都彰显着中国传统文化自信与大国风采。伴随着紧张且激动的心情,我们终于迎来了中国代表队的入场,身着传统红色礼服的他们无疑是舞台上最亮眼的一抹中国红。幸甚至哉,生于华夏!燕山雪花大如席,片片吹落轩辕台!国际奥委会主席巴赫在他的发言中讲道:"Thank you for volunteers!"作为一名光荣的冬奥会志愿者,此时此刻的心情难以言表,

第三章　家国情

赓续传承　共创未来

心中更多的是骄傲与自豪。

在志愿服务中，我担任古杨树场馆群赛事服务领域看台引导助理的岗位。这个岗位是一个与观众接触时间最长的"门面岗位"。我们时刻不敢松懈，力争发挥出最高的水准，尽心尽力服务好每一位观众，让他们留下独一无二的完美观赛体验。我们岗位的工作是负责引导观众到达指定座位，处理观众在观赛期间可能发生的一切特殊情况与需求，并且带动观众为运动员加油呐喊。作为一个室外岗，在极其寒冷的天气条件下进行长时间站岗是不可避免的，面部的冻伤、手脚的僵硬等情况都十分常见，但我们深知自己代表的是中国青年的形象，一个人的一生难得能有代表国家的机会，这次机会我们都倍感珍惜。

在不舍与期待中告别冬奥

在冬残奥会期间，运动员们即使身体有缺憾，却依旧在赛场上奋力拼搏的奥运精神常常让我们动容。我们四肢健全已经十分幸运，更应该努力朝着自己的梦想奋力前进。赛场上当我带领观众呐喊"中国队加油"时，我的心中充满了骄傲与自豪，我们的爱国心在那一刻汇聚成一股浓浓的暖流，融化了寒冷的冰雪。

我们的观众席上还有一群特殊的演职人员，他们年纪很小，但因为先天性聋哑只能靠手语进行交流。他们为每场观众都带来了精彩的舞蹈表演，在每场表演进行时，都会有一个专业的手语老师站在最前面为他们比画节拍。在听不到音乐的情况下需要完成一系列舞蹈动作并完美卡点，可想而知他们在背后需要付出多么大的努力。每当他们表演结束退场时，我们会向他们比出爱心或者棒的手势，他们也会比手势或者拥抱我们。每次见面，他们脸上总是带着天真烂漫的笑容，那份纯真善良也每时每刻在治愈着我们。

在赛场下,志愿者们更像是兄弟姐妹,大家相互帮助,每天都会分享自己遇到的事情。我在冬奥会期间也交到了很多朋友,认识到了很多优秀的人,他们的精神也带动着我继续前进。冬奥会已经圆满落幕,我们告别了熟悉的看台,告别了曾经朝夕相处的伙伴,但这份专属冬奥的回忆我会永远珍藏。冬奥会带给我的不仅仅是成就感,它更像是我人生前进道路上的指路人,带我学会了很多很多。

不是每一年都有冬奥会,不是每一届的主办国家都是中国,何其有幸与奥运会携手同行!愿我们都能遇到更好的自己,团结向上,一起向未来!

黄子曼(一排左二)与观众合影留念

第三章　家国情
赓续传承　共创未来

缘起志愿情
共赴冬奥梦

栾鹏羽　石奇龙

燕山大学文法学院、车辆与能源学院 2019 级本科生

我们和冬奥的故事要从 2019 年说起。

2019 年 9 月，初入大学，怀揣着对志愿服务的向往，我们不约而同地选择了加入燕山大学青年志愿者协会。在两年的志愿服务工作中，我们凭一份执着而相伴，因一个梦想而同行。

我们在青志协一同参与了海滩清理、"寸草心"敬老爱老、"献血车进校园"等各类志愿服务活动。我们曾一起与爷爷奶奶们剪纸聊天，也曾一起彩排到深夜。在一次次的志愿服务中我们收获了传递温暖的快乐，也收获了意料之外的爱情。我们因开展志愿服务而相识，也在彼此的理解支持中携手前行。

当得知北京冬奥会招募志愿者时，我们又默契地同时报名，一起参加培训、一起锻炼体能，相互鼓励已然成为我们疲惫时的良药，彼此陪伴更是我们追逐志愿梦的动力。

褪去橙马甲，身披蓝制服，从渤海之滨抵达冰雪之城。我们又一次携手奔赴新的志愿服务工作。在冬奥和冬残奥志愿服务中，栾鹏羽成了国家冬季两项中心赛事服务志愿者，而石奇龙则是古杨树场馆群层面赛

事服务志愿者。虽然身处两个场馆,但是这并不影响我们分享彼此的服务冬奥生活。

栾鹏羽帮助石奇龙修改志愿服务话术,石奇龙协助栾鹏羽制订暖棚管理方案,一起讨论工作问题,帮助对方排忧解难。从1月24日抵达张家口赛区,到2月4日北京2022年冬奥会开幕式,场馆群和场馆之间进行了7次全流程模拟演练。每一次演练结束后,我们都会对本次演练进行交流沟通,指出对方的优点与不足。

我们经常分享彼此的快乐,也会互相借鉴对方场馆赛事运行的优点,为各自场馆提供可参考的建议,我们都希望整个古杨树场馆群赛事服务能更加完美。遇到困难和挫折时,我们更是成了彼此的支撑与后盾,也是彼此的加油站。

栾鹏羽(左一)引导观众手消和登记

第三章　家国情

赓续传承　共创未来

石奇龙在古杨树场馆群坚守岗位，寒风吹红他的脸颊，霜雪挂满他的睫毛；栾鹏羽在国家冬季两项中心热情服务，手指被冻得发麻，喉咙喊得干涩。我们一个在冰玉环下引导观众、维持秩序、移动助行……用真诚感染观众、用热情温暖寒冬；一个在冰玉环上引导登记、发放物资……贴心的提示声响彻检票大棚、阳光的微笑打动每一位观众。我们共同吹着同一阵风，沐浴着同一片阳光。

一条长长的冰玉环，一批批可爱的观众，像一条条跃动的链条，将我们两个的工作串联起来，这仿佛是一种属于我们的独特志愿服务接力。虽然身处不同岗位，可是我们仍在用自己的方式，接续志愿服务的热情，坚守志愿服务的初心。

这个冬天，凛冽而不失温存；这场盛会，纯洁又充满激情。我们共同在张家口传递温暖，也在这里收获着属于彼此的感动。在赛事服务过程中，一位观众在上车前发现自己的包遗失，由于观众着急坐车，石奇龙和团队成员便快速记录了遗失物品特征和观众信息，并告知观众："您先去坐车，我们找到后会迅速联系您。"随后他们便报告主管，联系观众观看比赛的场馆，成功找到了遗失的书包。由于整合期不能邮寄快递，待到冬残奥会开幕第一天，石奇龙便立即将遗失物品邮寄给了观众。观众收到了自己的书包，通过短信向志愿者表达感谢之情。"赠人玫瑰，手有余香"，志愿者在传递温暖也在收获感动。

虽然我们同处一个驻地，同在一个场馆群。但是由于工作时间不同，我们有时一整天都见不到一面。可这并不影响我们关心彼此，我们会在休息的时间给彼此发消息，分享彼此的琐碎，会抽出时间陪对方做核酸，也会在彼此情绪不好时安慰对方。在"三八"国际劳动妇女节那一天，石奇龙特意为栾鹏羽亲手折叠了一束玫瑰花。捧着男友送来的玫瑰花，想着这些日子我们为冬奥共同服务的场景，栾鹏羽当时内心的触动很深很深。这束花不仅代表着巾帼力量，更是我们共同实现志愿梦的象征。

  缘起青志协，共赴冰雪梦。两人三年的志愿之路，不仅是燃烧青春，更是传递温情。共同努力，分享感动，我们是一路走来最美的风景。相互理解，彼此陪伴，是我们不用言说的默契。我们相信"凌霄羽毛原无力，坠地金石自有声"，正值青春年华，我们应当用奋斗点亮青春的底色，用奉献奏响成长的号角。未来的路还很漫长，我们志愿服务的故事还在继续。

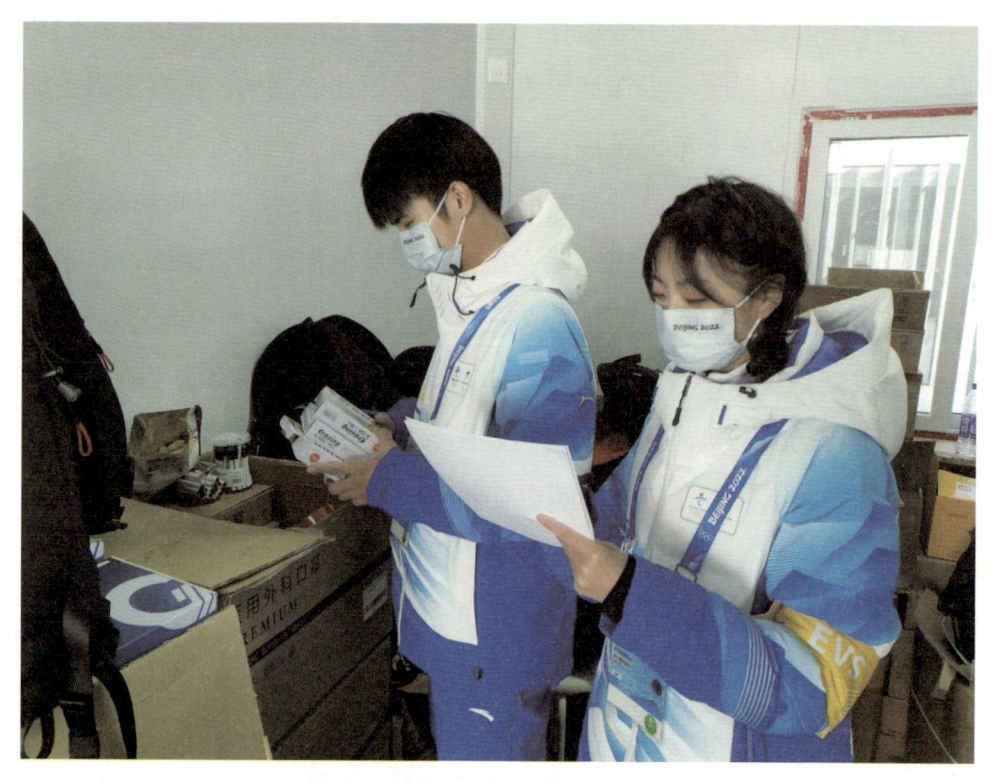

石奇龙和栾鹏羽在清点物资

第三章 家国情

赓续传承 共创未来

点点冰雪梦 拳拳家国情

郝 玥

燕山大学文法学院 2019 级本科生

说起我的冬奥故事,那是一个植根于童年的梦想。当我小时候和爸爸妈妈坐在电视机前一起观看 2008 年北京奥运会的时候,运动健儿们为国争光的志气和志愿者们青春洋溢的微笑深深打动了我。我无比憧憬长大以后能够成为一名奥运会志愿者,站在国家的大舞台上,观世界盛事,迎八方来客。于是,一颗奥运志愿梦的种子便在我心中生根发芽,那时八岁的我也一定想不到,这颗梦想的种子有一天会长成参天大树——十多年后,我来到了北京冬奥会的赛场参与志愿服务。

回想从报名到培训、选拔,再到出征,每一幕的记忆都无比清晰。当我看到冬奥组委会的赛会志愿者报名通道开启时,我第一时间报了名。后来,我得知我们学校在以团队名义招募赛会志愿者后,也第一时间报名。之后,怀着成为冬奥人的梦想和热情,我认真对待每一次理论培训和体能锻炼,并顺利通过了选拔。我还记得当收到冬奥组委会发来的录用邮件时,我几乎开心得一蹦三尺高,原来那个在八岁时生根发芽的梦想,竟然在十多年后的某天,真的实现了。

后来,在出征冬奥的路上,望着崇礼的街景,我不禁回想起小时候,因为父亲总来张家口参加战友聚会，我们家几乎每两三年就会来崇礼旅游，这个城市对我而言也有着不一样的魔力。在我印象中，崇礼这个小城，环境优美，高楼不多，生活节奏也不快，是个悠闲自在的度假胜地。而时隔多年，当我再次来到崇礼，我发现这里发生了翻天覆地的变化，大片的滑雪场接连不断，服务设施也接轨国际，我惊叹于崇礼的改造速度，更自豪于国家近几年来日新月异的变化与发展。

于是，我和父亲在微信上聊天，把那里的变化说给他听。父亲告诉我，他二十岁的时候来张家口当兵，在那过了第一个不在家的除夕；今年二十岁的我服务冬奥，又在张家口过了第一个不在家的春节。两代人的青春都和张家口这个城市有了不解之缘，这种感觉还挺奇妙的。我还记得，父亲之前总跟我讲他当兵的时候，和战友们一起上山拉练、修筑军事工程的故事。我想，也正是因为父辈的艰苦奋斗，现在我们这一代人才能在这里服务冬奥。两代人的金色年华交汇于张家口这个城市，我们两代人的青春是不一样的，因为我们见证了不同时期祖国的发展；但是我们的青春又很相似，因为我们都在为我们祖国的发展贡献着属于自己的一份力量。正是因为一代又一代人的青春接力，我们的家乡、我们的国家才会繁荣富强。

2022年2月4日那天，中国代表团入场时，当我看到那代表着奥林匹克精神的五环旗，承载着华夏民族千百年来希望和梦想的五星红旗迎风飘扬时，我激动万分，瞬间泪目。那一刻，五星红旗与冰雪五环交相辉映，青春之梦与家国之情相融交织。

其实，开赛之前，我们志愿者的工作就已经开始了。我所在的岗位是古杨树场馆群层面赛事服务助理。古杨树场馆群层面的工作内容包含国家冬季两项中心、国家跳台滑雪中心、国家越野滑雪中心的迎客、送

第三章 家国情
赓续传承　共创未来

客任务，我们工作的地点相当于3个场馆的大前院，最先迎接观众进入场馆，也最后目送观众离开场馆，在这个过程中，还要为观众提供咨询、助残、报失等服务，这让我们看似寻常的工作有了不平凡的意义。相对于其他竞赛场馆而言，场馆群层面服务的赛事多，上岗时间长，客流量大，每天的比赛安排不同，每个人的岗位都会有轮换，这也为我们的工作协调带来了一定的难度。为了保障冬奥赛事的平稳运行，开赛前我所在的领域组织岗位培训、话术培训、实地踏勘、全流程模拟演练和岗位轮换演练近20次。正赛开始后，我们在面对赛事推迟等突发状况的时候胸有成竹、有条不紊，这一切都离不开主管老师的周密布置和充分的赛前预演。在冬奥会和冬残奥会期间，我所在的团队共服务比赛47场，日均在岗时长8小时。在每天保质保量完成岗位任务的同时，作为团队宣传组的一员，我也利用自身的文字功底，协助主管老师进行团队宣传的工作，向外界传播燕大志愿者的良好风貌，当我看到我所撰写的新闻稿被刊登在张家口新闻网上时，我自豪我是一名燕大人，更自豪于在冬奥赛场上传播燕大故事。

赛事服务领域的志愿者与观众的接触最多，每天用微笑服务观众，就是我们工作的主要内容。二月份的崇礼，零下二三十摄氏度已是家常便饭，在寒冷的烈风下，尽管脸颊已经冻得通红，口罩也早已结冰，我们依然用最友善的目光、最温暖的笑容去迎接观众。天寒地冻中，也不乏暖人心扉的故事。

冬奥会的很多比赛集中在晚上，比赛结束时，天已经黑了，为了防止观众摔倒，我们用指挥棒为他们照明，提醒他们注意脚下安全，不少观众对我们说"谢谢！""辛苦了！""你们真暖心。"还有很多观众会问我们冷不冷，我们总会回答说："不冷，能坚持"，每每这时，他们就会对我们竖起大拇指。当有观众问我是来自哪所学校时，我总会很自豪地说出："燕山大学。"人生有几次机会能够代表自己的学校、国家向世界展现青年人的风采呢？这次志愿服务的经历，不仅让我体味到了冰雪运动的魅力，更让我感受到了张家口人民的友善和热情。观众们的回应让我感受到，志愿服务精神不再只是一场单方面的奉献，而是超越地域的双向奔赴。如果说激烈的赛事体现了更高更快更强的奥林匹克精神，那么在志愿者的微笑里，蕴藏了更团结的新时代精神，是这个含蓄的文明大国用爱联结世界的合唱。

如果说赛场下的故事暖人心扉，那么赛场上的故事则是激动人心：冬奥赛场上，在古杨树场馆群内举办的冰雪项目目前还不是我们的强项，但每次中国选手出场时，无论发挥如何，台下的观众总会致以欢呼和掌声。而选手经过看台时，也仿佛更加用力，冲刺的速度更快了。看台志愿者带领观众摇动手中的旗子，为台下选手呐喊："中国队，加油！中国队，加油！"不约而同的呐喊声背后是同频共振的爱国情，那一刻，所有人都没有了身份、地域的差别，我们都有一个共同的名字，那就是——中国人。冬残奥期间，我有幸在张家口颁奖广场上见证了九面五星红旗的升起，那天，天空飘起了雪花，伴随着《义勇军进行曲》的响起，五星红旗在雪花中冉冉升起，每当这时，热闹的人群总会立即安静下来，每个人都庄严肃穆，哼唱国歌，行注目礼，观众们眼中闪闪的热泪，仿佛在诉说着胸中无尽的家国深情。

清澈的爱，只为中国。这一次的冬奥之旅，是我人生中最熠熠生辉的记忆。我不仅体会到了志愿服务的独特魅力和不懈拼搏的奥运精神，更见证了国家的繁荣昌盛。雪花烂漫之时，心怀家国的深情大爱，照亮了北京，照亮了中国，照亮了世界。冬奥会落下帷幕，但为国为家的梦

第三章　家国情

赓续传承　共创未来

想将会延续，逐梦的小舟即将扬帆起航。奔赴盛世的家国之爱，燕大冬奥人仍在路上。

冬残奥会期间郝玥（右一）引导观众进行安检

燕大家国情
冬奥初心梦

关舒心

燕山大学经济管理学院 2020 级本科生

我在北京 2022 年冬奥会、冬残奥会期间分别于古杨树场馆群注册领域、国家冬季两项中心体育领域进行志愿服务。

"志"在心中，为冬奥而燃

我的冬奥故事应该从 2015 年 7 月 31 日，国际奥委会主席巴赫先生宣布第 24 届冬季奥林匹克运动会将于 2022 年在北京举办时说起。对于一个北方孩子而言，这场冰雪盛会更是梦的开始，从此冬奥梦开始生根发芽。那时正在读初一的我，一定不会想到，7 年后的自己不仅有幸亲眼见证了冬奥盛会，还成了一名光荣的冬奥会和冬残奥会志愿者。

在得知学校进行北京冬奥会志愿者招募时，我第一时间报了名，满怀激情与憧憬，只为奔赴这一场冰雪盛会。先后通过了大大小小的线上知识竞答、笔试、面试、英语口试、技术面试、体能测试等，最终成为一名志愿者。愈发感到成为冬奥会志愿者的机会来之不易，感到光荣的同时也感受到了肩上的责任，我要以实际行动践行"奉献、友爱、互助、进步"的志愿精神。寒假留校培训期间，学习注册领域的操作工作以及

第三章 家国情
赓续传承　共创未来

冬奥会与冬残奥会的知识技能等。了解到注册领域的工作更多时间是服务于外国人，我对自己能否胜任翻译工作充满了忐忑，因此我努力练习英语口语。与此同时，积极锻炼身体，提高自身综合素质，我始终把"做好冬奥服务，讲好志愿故事"牢记心头，时刻铭记着这个在心中已经扎根许久的"冬奥梦"，向着北京冬奥会不断迈进。

在冬奥会服务期间，我的工作岗位是注册助理，负责录入工作人员、运动员、转播商等利益相关方的信息、注册卡激活、制证、证件发放以及处理一些突发的证件问题。由于注册领域志愿者人数有限，每位在岗成员都必须成为注册工作的多面手，时刻准备应对突发情况。在此基础上，注册领域志愿者要熟练掌握多个复杂内部系统的操作流程和规范。我在工作之余，多加练习英语口语，提升翻译水平，以便提供细致的翻译服务，力求做到与外国友人交流无障碍。我们工作的效率与准确性对各领域人员顺利进入相应场地开展工作有着重要影响，因此从办公室开放的那一秒开始，我们就要做好十足的准备，用百分百的热情和认真，去服务每一位与会人员。注册办公室作为唯一一个位于安检主入口外的场馆设施，承担着远超其专业领域工作的责任。每一位来到冬奥会张家口赛区的利益相关方的第一站，便是注册办公室，因此，在发挥注册功能的同时，我们还需要尽己所能，帮助各个利益相关方解决问题。截至冬奥结束，我们注册六人组办理激活注册卡、办理一日卡、重新制证共计 800 余次。

用眼神向世界展示最灿烂的"微笑"

在疫情防控的整体要求下，我们都要戴着口罩、面罩、一次性手套进行工作。没有办法让大家看到我们的笑脸，我们就努力用热情的话语和笑起来的眼睛来表达。虽然这个过程非常的辛苦，但是每当我为外国友人办好手续后，听到他们用中英文对我说出"谢谢"，我便备受鼓舞，因为这一声声的感谢，是对我们每一个微笑最好的回馈。我想，志愿者就像世界认识中国、了解中国的一面镜子，是联结中国与世界的最后一厘米，这一厘米或许微小、或许不起眼，但却是实实在在抵达人内心的最后一步和至关重要的一环。办好冬奥会是中国对世界的庄严承诺，那么，穿上这身冬奥志愿者的服装，我们也有责任、有义务去践行这份承诺、去担当这份责任。能够有幸成为这最后一厘米、担负这一重任，与有荣焉。

赛场外的惊喜，温暖如"家"

在春节到来之际，外国友人边作揖边用中文说"新年快乐"，那一刻让我感受到了深厚的文化自信与民族自豪感。春节过后我迎来了20岁的生日，我收到来自小伙伴们精心准备的惊喜，他们提前收集了老师们、外国友人和志愿者们的生日祝福，并在零点发送了这条用9种语言制成的生日祝福视频，注册经理送给我一枚勋章作为生日礼物。虽然今年没有家人和朋友陪伴在身边，但有幸参与这场冬奥盛会的经历就是送给自己最好的生日礼物，我切身感受到了冬奥大家庭的团结和温暖，我会永远铭记这个特别又难忘的生日。

忙于奉献，乐在其中

冬奥结束后的转换期，我被分配了新的工作，从幕后走到赛场一线，担任国家冬季两项中心的竞赛长助理。冬奥时我只能通过手机观看比赛是我的小遗憾，但在新的岗位上，我能够和运动员们踏入同一片雪地，近距离见证了运动健儿的赛场英姿，见证了38枚金牌的诞生，更亲眼

第三章　家国情
赓续传承　共创未来

见证了3面五星红旗同时升起。

这份新工作为我带来了数不清的欢喜，却也十分艰辛。我主要配合国家冬季两项中心的竞赛长开展工作。虽然每场比赛只有几个小时，但是背后的准备工作并不轻松。开赛前，我需要检查比赛线路，记录运动员状态，确保比赛可以顺利进行；比赛开始后，我需要跟随竞赛长前往起终点、靶场等场地，实时跟进比赛进程，以便发生突发事件时第一时间采取措施；比赛结束之后，还有赛后的会议、总结等着我们。非比赛日的时候也不能休息，我们还需要做一系列检查为运动员、教练提供良好的训练环境。因为这份工作，我一场不落地参加了冬残奥会期间全部的技术会议和国际领队会议，一丝不苟地记录会议内容。这个岗位对我的体能、工作能力、翻译能力提出了更高的要求。冬两场馆的赛场非常大，我需要在技术楼的办公区域和赛道之间循环周转，每天微信步数"2万+"成为常态，常常第二天早上醒来的时候腰酸背痛。我担任翻译工作面对的是专业运动员、代表队和裁判，因此我每天都需要认真记忆赛事专业术语，确保每一次翻译的准确性。

因为这份工作，我没有休息过一天，见过冬两场馆夜晚10点的星，吹过清晨7点的风。当比赛结束后，获奖运动员向我们夸赞雪质好、滑行线路条件优越时，我所有的疲惫都被冲淡了，我知道赛前所有人的心血没有白费。因为每天都在赛场工作，与运动员们近距离接触，很幸运地被CCTV5的直播画面拍到，远在家中的亲友们也因此为我骄傲。

在服务冬奥的过程中，我始终不忘"厚德、博学、求是"的校训，荣获国家冬季两项中心"每日之星"荣誉称号，服务事迹受到《北京日报》报道。我很幸运在最好的年纪服务国家盛事，与竞赛长、志愿者们并肩作战，让我收获了珍贵的友谊；能够向疫情阴霾笼罩下的世界讲一个关于爱与感动的故事，我切身感受到了祖国的强大与担当。冬奥已经结束，但我心中的那团火依旧在燃烧，在未来的工作中，我将继续身着"天霁蓝"，心怀志愿的灯火，秉承初心、心怀热爱、服务社会、奉献祖国。我坚信，我们大家携起手来，定会创造一个更加美好的未来。

关舒心（前排右一）在注册办公室为 IF 官员办理身份注册卡

第三章　家国情

赓续传承　共创未来

遇见冬奥
遇见更好的自己

宋　慈

燕山大学车辆与能源学院 2020 级本科生

在北京 2022 年冬奥会、冬残奥会比赛期间，我担任张家口赛区古杨树场馆群权益保护工作助理。我们主要的工作内容是面向整个场馆群进行权益保护服务，"清洁场馆"是我们的主要任务。赛前需要对每一个比赛场地，观众通道等地方逐一进行巡视巡逻，对不应展示出来的商标进行遮盖，确保不发生侵权事件；比赛期间在赛事服务志愿者的协助下重点对现场观众以及观众的衣着、所带物品进行检查，防止出现大规模宣传等侵权事件，同时接受场馆群和各场馆对于权益保护事宜的问题咨询。

从小学到大学很多事情都在改变，我却从未改变过自己的初心。从小学做班干部服务同学时，主动承担清洁校园、捡拾垃圾任务，到后来慢慢投身志愿服务，在大学里仅两学期便积攒 100 多小时志愿时长，慢慢地也使我对志愿服务精神有了更深的理解。

从得知冬奥会志愿者招募那一刻起，冬奥志愿者的梦想就像一枚火种，深深地埋在心里，我想这既是遇见也是机遇，我可以登上更大、更专业的志愿平台。我可以用自己的力量为更多的人服务，让更多的人感受到快乐！经过面试、体测等一系列选拔，我终于入围冬奥会志愿者。

我知道当选为冬奥志愿者意味着需要面对更大的挑战，我必须竭尽所能不辱使命。

在学校集中培训的一个月里，我始终不敢有丝毫懈怠，因为我知道这不仅仅代表自己，还代表着学校的荣誉，代表着中国的形象。当到达张家口赛区，第一次看到项目经理发来的学习文稿，全英文、法律术语，远远超出了自己对困难的预估，对于标准的工科学生来说，一下子感觉有些吃力了。在一周的专业知识学习中，我每天面对着电脑，背诵全英文的专业解释，走路、吃饭，甚至上厕所时，脑海里也是除了英文解释就是专业术语，最后当经理给到任务的时候我可以应对自如，这一刻心底真的明白了什么叫作"功夫不负有心人"。

比赛期间我们负责3个竞赛场馆，赛前1小时到达场馆，检查现场有无问题，各场馆并没有我们的休息地点，所以赛前1小时到赛中，我们一直在户外巡逻。冰玉环上的风没有定向，风很大，天很冷，眼镜和帽子上会结冰，口罩不到半个小时就必须得换一次。巡逻时需要粘贴损坏掉落的标签，因为天气干冷，胶带无法附着在上面，我们将胶带粘上之后用手压一下让他有一点温度后才能粘上，虽然每次手都会冻得发肿，但我心里却满怀激情，因为这是我的工作。

面对着冰玉环上的风我们时而逆风而上，时而顺风而下，为完成国家交给的任务而奔波。面对着崇礼的大好河山，不禁感叹，站在这样的历史交汇点上，生逢盛世，倍感荣幸。

虽然我的工作并不能和观众有直接接触，需要站在距离观众2米的地方，但是仍旧可以感受到观众的笑容和观众给予的满足感。冬奥期间我们部门有3名志愿者，我们通力合作将服务冬奥任务圆满完成。在冬残奥会期间，张家口赛区的比赛场馆仅有国家两项中心有比赛项目，我们的工

第三章　家国情

赓续传承　共创未来

作场地也因为场馆关闭的原因而调整，部门志愿者也由3人缩减到1人。我感到十分幸运，因为我是被留下的那一个。工作期间，我坚守在岗位上和经理默契配合，圆满完成了冬残奥会权益保护工作！在冬奥会期间共服务32场比赛，冬残奥会期间共服务15场比赛。

我非常幸运地参加了冬残奥会最后一场在张家口颁奖广场进行的颁奖典礼，现场国歌9次在广场上唱响，数面中国国旗缓缓升起，我感动于残奥运动员不屈的灵魂，他们虽然身体残疾，却在赛场上迸发出向上拼搏、顽强不屈、谁与争锋的精神。这种精神深深打动了我。他们是我学习的榜样，也值得所有人尊重。

宋慈（右一）在比赛前对观众和场地进行检查

遇见冬奥是一大幸事，在冬奥中我见识到了世界上最顶尖的赛事环境，世界上最专业的拍摄设备。"科技办奥"不仅仅体现在场地的智能转换，滑雪设备的装备研发，也体现在每个冬奥人的生活中，例如随时监测志愿者心率的手环，"冬奥App"搞定你的冬奥之行等。

遇见冬奥是一大幸事，在冬奥期间我参与到了未曾敢想的事情。作为权益保护领域助理，我在冬残奥会期间跟着经理线上参加组委会会议，我负责听并为经理做简单的会议记录。在参会之前，经理会发给我大纲以及将要讨论的问题，我必须要搜集大量相关资料才可以跟得上开会的速度。每一次会议之后我都会认真回顾，在每一次回顾后我都会有新的收获。

遇见冬奥是一大幸事，在冬奥中我成为更好的自己。在服务过程中，我们不断发掘自己各方面的潜力，不断丰富自己的技能，体会实现自身价值的快乐。

青春的颜色就是中国的颜色。冬奥会是世界的盛会，这一刻世界的目光看向了中国，看向了中国的青年。我们广大青年积极参与，用青春之火点燃冬奥的热情。在志愿服务期间，每一位志愿者坚守岗位，默默付出，平凡的岗位上也涌现出不平凡的英雄。我们正在亲身实践着以青春之我，创建青春之国家。我会永远记得这场非同一般的盛事，永远记得冰玉环上的寒风凛冽，永远记得蓝精灵们冻红的脸庞以及那会笑的眼睛。

宋慈（左一）在室外对观众和场地进行赛前检查

第三章　家国情

赓续传承　共创未来

南方人的冬奥之旅

许靖安

燕山大学外国语学院 2019 级本科生

我服务于国家冬季两项中心赛事服务领域。我的冬奥故事要从 2020 年 7 月 9 日的一通电话开始。那时还是在暑假，我是一个广东人，广东盛夏的夜晚总是异常的燥热，我和爸爸妈妈在河畔散步。突然我的手机震动起来，电话接通，里面传来辅导员老师的声音，"许靖安，你被选为学院冬奥的储备人才，由于测试赛和冬奥的时间冲突，可能 2021 年和 2022 年的寒假你都不能回家了。你愿意吗？""我愿意！"我当时脱口而出，虽然父母就在身旁，我却一下子就做了这个决定，在那个燥热的南方夏天，我就坚定了，我一定要去体验北国的冰雪世界。

从接到这通电话后，我的冬奥之旅就开始了。我参加了燕山大学百年校庆和河北省"挑战杯"竞赛志愿服务的实战检验，每一次志愿服务，我都从中学习到了很多，更重要的是我期待能够在全国瞩目、全世界瞩目的国际赛事上发挥自己的力量。但这一路走得似乎有些坎坷。

当时我是一名语言服务组的志愿者。就如同我在面试的时候说的，我希望用我的外语知识帮助到更多的外国人，帮助他们更好地体验这届奥运会，更好地体验中国、了解中国。2021 年 5 月，我接受了奥组委语言组的面试。当时我太紧张了，负责面试的学长甚至和我说："我看你在团委楼的走廊上来回打滚儿，一直在说'完了，完了'。"而我的的确确完了。7月7日，我们收到通知，奥组委不再录用我校对外联络语言服务志愿者，现有储备可根据个人意愿转为通用志愿者或退出。刚看到前半句的时候，我愣了一会儿，感觉自己的冬奥之旅戛然而止。不是因为我所想的严寒，不是因为我想的辛苦，而是因为我的实力达不到冬奥会的标准。作为一名外语人，这也给我敲响了警钟，语言是为了应用的，我的语言应用水平还有很大的提升空间。但看到后半句，我又重燃希望之火，我立刻报名了通用组的补录，成功通过了面试，成为一名通用志愿者。

等到寒假留校的时候，我们每天学习志愿服务知识，在线下和小组成员团建。等待出发的日子越来越近，但我却觉得身体不太舒服。一开始以为只是太兴奋了，但过了一两天我觉得情况不对，我急忙联系辅导员。这时离出征只有15天，我因为胃溃疡住院了，一切都变成了未知数。刚到医院的我还因为没有病床，只能躺在急诊观察室。医生当时说："你的情况已经可以被拉去抢救室了。"我的脑海一片空白，只能机械地应答医生说的话。我躺在病床上睡不着。我想，我的冬奥之旅是不是就戛然而止，这么多的准备是不是都白费了？这是我在住院的两天反复想的问题。在医院里，因为附近疫情形势严峻，医院加强了管控。我一个人待在医院，我的辅导员也不能进来。但在医院，每个程序，每个检查都需要人陪同。每次护士和我强调一定需要有监护人陪同，但我只能无奈地看着她们，并求她们让我一个人去。一个人去做胃镜，一个人去做检查。在胃镜室，我一个人看着护士告诉我"呼吸！呼吸！"我的眼泪因为生理不适而流了出来，做完胃镜我一个人走回我的病房，我突然感觉到很孤单，我打了个电话给父亲："怎么办？是不是该买回家的票了？"他只说："顺

第三章　家国情
赓续传承　共创未来

其自然吧"，那一天，我感觉自己成长了很多。

但很快，仅两天我就出院了，非常感谢医生和护士们，他们听说我是志愿者需要立刻回学校，叮嘱了很多需要注意的事情。回到学校那一天，刚好是我们志愿者羽毛球赛的第一天，我非常喜欢打羽毛球，我想着既然不能上场，那我就去看看吧！但是到了赛场上，总没有不打几球的道理吧！然后，我们小组就拿下了第一名。我也更加相信，我一定能克服路途中的一切困难。

我是赛事服务领域前院客流管理模块的志愿者。赛事服务领域的主要服务对象是观众，而我们前院客流管理则是观众在冬两场馆见到的第一批志愿者，我们也算是赛事服务领域的门面。我们负责超过1.5千米的流线，将观众从主安检口指引到观众看台上。这是一个极其长的战线，未开赛前我们就在志愿者驻地演练了不下十次，总结的话术就改版了五次。但等观众到了，我们真正站上岗位的时候，我们"freestyle"也就是自由发挥的时候更重要。有时候比说什么更重要的是要主动去说，作为志愿者，我们要主动向观众提供帮助和服务。同时，作为服务战线最长的志愿者，我们要对整条流线的所有内容都了如指掌，不仅仅是自己的场馆，有时候还要熟悉沿途的场馆的知识。我们组内经常互相调侃："哪位导游今天下边疆啊？"我们也研究出了我们自己独特的"打call"口号，"边疆边疆，大爱无疆"，"前院客流，服务顶流"。

作为一名南方人，作为一名浅认知里广东以北就是北方的广东人，张家口的气候和海拔是我需要不断适应的。在张家口的时候时常出现这样的事情，在室内穿好厚厚的衣服时已经汗流浃背，但到室外的时候就又觉得是不是穿少了。我有时候打开天气软件，发现张家口崇礼的气温比北极、南极都还要低。我当时想着，我这是来了什么地方啊，这就是

奥运梦 志愿路 家国情

许靖安（右一）引导观众入场

北方吗？这里和家里的温度差是40多摄氏度。这可能也是一种人生的体验吧。但正因如此，我们驻地的暖气开得特别足，你能想象，一个广东人，在零下三十多摄氏度的崇礼，热得在床上睡不着，坐在窗前一边喊热，一边吹冷风吗。

每当夜幕降临，就代表着那一天冬奥会比赛的结束。那时候我们都在道路两旁欢送要离开的观众。虽然每一天我们的工作很累很辛苦，但是每当我们在道路两旁对他们说"感谢大家前来观赛，祝大家新年快乐！"的时候，张家口的观众总会亲切地和我们说："你们也辛苦了！""祝你们新年快乐！"每当观众对我说："小伙子辛苦了！"我就感觉一天的疲惫都随之消失了。

穿上志愿者的衣服，带上赛事服务领域的袖标，站在岗位上，我感

第三章　家国情
赓续传承　共创未来

觉我就是这场全世界瞩目赛事的一部分。就像残奥委会主席帕森斯所说的那样，我们志愿者就是这场盛事跳动的心脏，我们就是体育的力量。还记得在出征前，有老师对我们说："你的人生又有多少回，在全世界瞩目的国际盛事代表你的祖国呢？"在志愿服务过程中，每当有观众问我来自哪个高校，我都指着我身上的校徽回答燕山大学。他们会和别的观众说我们是来自燕山大学的，服务非常优秀！这时候我感到十分自豪。作为一名来自燕山大学的志愿者，能够在国际性的大赛中代表自己的学校是多么大的荣耀啊。选择参加志愿服务是我做的最正确的一件事。非常感谢学校和国家，为我提供了这样一个特殊的机会，让我亲身参与了这场冰雪盛世！让我这个南方人体验了不一样的冬天。非常感谢在冬奥会认识的所有人和他们的帮助和关心，在以后的生活我也会铭记这个冬天的美好，继续一起向未来！

奥运梦 志愿路 家国情

传承冬奥精神
共赴精彩未来

卢 楠

燕山大学外国语学院 2020 级硕士生

我服务于国家冬季两项中心，转播服务领域。作为燕大的众多志愿者之一，我感到无比荣幸，也无比自豪，这段经历想必会是我今生的高光时刻。与冬奥在一起的两个月，从前期准备到赛时工作，从冬奥到冬残奥，发生了许多的故事和精彩。

2022 年 1 月 24 日，我初次踏入北京 2022 冬奥会、冬残奥会张家口赛区的大门，也意味着我已经进入了闭环内。一开始听到"闭环内"这三个字，想着要被封闭在一个区域里，肯定会特别枯燥且乏味，也很羡慕在闭环外的同学们。但是，在经历了两个月后，我发现，闭环内就像一个世外桃源，没有其他的烦扰，一门心思只想着我的角色是一名冬奥会志愿者，我收获的是志愿服务带给我的充实和开心。就像那句话说的，不亲身经历一次，是不会体会到其中的精彩的。冬奥之行，是我今生的不悔之行。

我的岗位是转播服务经理助理，在还没有来张家口的时候，我在学校就跟随转播经理跟进了一些工作，初步了解了转播的知识和自己的主要工作。所以到场馆之后，我被选为转播领域的组长，负责统筹协调其他志

第三章　家国情
赓续传承　共创未来

愿者的各项工作和安排，能够得到经理的信任我感到非常的开心和荣幸，我相信我也一定会做好我的本职工作。

我们的工作环境是全程户外低温，零下二三十摄氏度，每天都要坚守在这样的环境下站立工作约 8 小时。海拔 1700 米的山谷风能轻易将你吹透，即使穿上了五条裤子，三件外套，身上贴满了暖贴，膝盖也会不自主地颤抖起来。在来到张家口之前，我也从未想到过雪还能下得那么大那么密，完全睁不开眼。虽然我本身就是一个北方人，但还是被张家口的雪惊喜到了，而且踩在上面超级软绵绵，就像棉花糖一样，我也爱上了张家口的雪，想必以后我再也感受不到半夜里的鹅毛大雪了。

至于我的工作内容，在赛前，我们同经理到赛道勘察转播点位，检查转播线缆是否完好、转播信号能否正常运行，协助经理保障转播信息办公室、评论员席控制室的正常运行。赛时，我们主要进行 compound、评论员楼、混合采访区的验证工作，查看出入人员的注册卡，确保进入以上三个区域的人员有 4、5 区权限，以保障赛时转播工作的顺利进行。同时，我们还需要为不熟悉路线的国外媒体工作人员指路，并时刻准备着应对突发状况。工作期间，我们会和每个经过的国外友人 say hello，他们也会非常开心并且热情地回应我们"你好"。虽然张家口的天气真的很冷，在外工作时不一会就冻得全身冰凉，但是，工作结束后的满足感和成就感是不可估量的，由此带来的感受完全抵消了之前的寒冷，慢慢地全是为冬奥会服务之后的骄傲和喜悦！

作为转播服务经理助理，我也认识了许多外国媒体和记者，并且与他们结下了深厚的友谊，见面时我们会互相问候，在工作中互相帮助，彼此共同努力，冬奥工作圆满完成。奥林匹克广播服务公司（OBS）的工作人员给予我很高的评价，让我感到无比的开心和骄傲。同时，参与到此次国际赛事的服务中，面对如此多的国际友人，也让我意识到了英语的重要性，更加坚定了我要好好精进专业的决心。这段时间的志愿服务让我受益匪浅。在冰天雪地里，我们经理不畏严寒，苦活累活从不让我们做，我在他的身上看到了转播服务的精神；转播领域其他志愿者在工作中相互团结，互相体谅，让我明白团队精神的重要性；同时，我不禁感叹我们国家的伟大，能够成功举办冬奥会，能够有条不紊地完成冬奥会的一系列工作！

让我印象比较深刻的是，在残奥会刚刚开始时，我的身体出了一些问题。可能是因为张家口的天气原因，皮肤有些不耐受，全身爆发性地出了很多红色痘痘，无奈之下，去了冬奥会张家口赛区的专属医院看了医生，开了很多吃的药和涂的药。这对我的心理造成了很大的打击，因为医生说，我的身体状况和皮肤情况都不允许我再继续做志愿者。张家口的天气虽然在冬残奥会期间有所回暖，但是下午和晚上的温度还是零下二三十摄氏度以下，这很不利于病情的恢复。我当时很害怕，害怕由于自己的原因不能再继续做志愿者，作为转播服务领域的组长，我认为我的半路退出是一种很不负责任的行为。犹豫再三，我打消了要退出的念头，虽然周边的同学也都劝我，以自己的身体为主，身体是第一位，但是我不想放弃，那时距离残奥会结束还剩下十天的时间，我想坚持到最后，我想让自己的冬奥志愿之旅是一段圆满的结果，而不是多年之后回想起来，是带有遗憾的，所以，我跟我的经理和辅导员老师沟通之后，决定留下来。

我很庆幸，我留下了。虽然冬残奥会和冬奥会有很大的不同，关注度也少了很多，但是冬残奥会上中国拿的金牌数最多。让我印象最深刻的就是我们中国选手蔡佳云，一位很年轻的"00后"选手，在冬残奥会越野滑雪男子20公里（传统技术）站姿组比赛中，蔡佳云夺得了银牌，

第三章　家国情
赓续传承　共创未来

那时我正在终点线处观赛，我看到，蔡佳云在得知自己得了第二名之后，扑通一下跪倒地上痛哭，随后站起来对着镜头说："爸爸妈妈我做到了，我爱你们。"那一刻，我深深地被感动了，我们并不知道运动员在备战时付出了多少辛苦，流了多少汗，受了多少伤，我相信，终有一天，他们的付出都会得到回报，所有运动员都是中国的骄傲！也正是因为我留下了，才有机会到张家口颁奖广场，见证中国选手登上冠军领奖台，也见证了在张家口赛区颁奖广场响起国歌的那一刻。当主持人宣布冠军来自中国时，全场热烈欢呼，所有人挥动着手里的国旗，向冠军致敬，这一刻，我感恩我生在中国，我感恩我没有放弃，我感恩我是一名冬奥志愿者！

作为一名燕大人，有这样一个机会能够代表学校参加重要的国际盛事，真的深感荣幸，也非常珍惜。在冬奥的两个多月里虽然经历过眼泪和痛苦，但更多的是成长和收获。在志愿服务期间，我作为转播服务领域的代表，每天都要写简报，整理每天的工作内容以及工作照。但是，每天一到总结时间，我发现我的手机里并没有很多照片，因为在工作期间，总是因为太投入而忘记拿出手机拍照，也有很多精彩的瞬间只是被我的眼睛记住了。想想平时在学校没事的时候手机不离手，消息秒回，但是在冬奥期间，很少碰手机，却不觉得空虚，因为我很享受与人面对面交流的感觉。在我的工作岗位上，少不了与各个国家的记者沟通交流，大家都在使用一门国际语言进行沟通，虽然不标准，但过程十分和谐融洽并且能解决所有问题。我从来没有想过，参与冬奥会带给我这么多知识、这么多技能、这么多自豪、这么多感动。

两个多月转瞬即逝，时间总是不等人，志愿服务期间的生活总是能让我忘记时间。虽然每天都是早出晚归，但是我特别享受整个过程。如果再来一次，我还是会义无反顾地报名。我想我会永远铭记这些时刻，永远铭记张家口的零下二三十摄氏度与鹅毛大雪，永远铭记国家运动员在赛场上英姿飒爽的影子，永远铭记中国选手在踏上颁奖台那一刻全场的欢呼，永远铭记每一位外媒记者对我们说的"谢谢"，永远铭记在站岗时那位国外记者给我送过来的暖贴，永远铭记在最后一天比赛结束时，我与小伙伴们躺在雪地里，仰望着星空，回想之前的每一幕精彩时刻。

我庆幸，我是一名冬奥志愿者。

我庆幸，我是一名燕大人。

卢楠在岗位工作中

第三章　家国情
赓续传承　共创未来

我们和雪花有个约会

李明璇

燕山大学信息科学与工程学院 2020 级硕士生

我的冬奥、冬残奥之旅没有轰轰烈烈的经历，也没有感天动地的事迹。在国家冬季两项技术楼里我和我的同事一起度过了一个个"平凡"的一天，也是每个"平凡"的一天汇成了不平凡的冬奥、冬残奥盛会。我更愿把这次冬奥、冬残奥之旅看作我们与"雪花"的一场约会。

相识

2022 年 1 月 24 日，我与 300 多名燕大学子启程，奔赴这场与雪花的"约会"。数小时的车程令人疲惫，大包小包的行李拎在手中，虽然这里天气寒冷，但点点滴滴的小事都让我们倍感温暖。从落客点到入住房间，消杀、登记快速又有序，戴着口罩的后勤工作人员帮我们一次次搬行李，后来才知道他们也不过是比我们还年少的一群可爱的孩子。在这里，互帮互助，无关年纪。我们的领队老师化身"奶爸"，在驻地的大事小情全靠他操心，每天为我们协调解决各种琐事，可他却说："你们的每一件事在我这里都是头等大事。"

相助

2022年1月30日，崇礼大雪。我在驻地轮休，在场馆工作的战友们携着一身风雪下班回来，为我讲述了这样一幕：大雪覆盖雪道，需要紧急抢挖，技术经理带领技术领域当班志愿者进行户外铲雪工作，一个女生把手套借给了男同学，她可能想着手套给男生效率更高，可她又不愿手插兜干瞪眼，于是在体感零下二三十摄氏度的雪天徒手刨雪，经理看到后把自己的手套强塞到她手里，换自己没有任何防护，冻红皲裂的手在洁白的雪道上很是刺眼，但大家的心很热。感恩有你们，我们相互成就。

相扶

2022年2月3日，崇礼最低气温-22℃，距离冬季两项第一个比赛日只剩两天。冬季两项竞赛长史明在朋友圈中写道："各位主管，天气寒冷，任务艰巨，我们咬牙也要挺住，坚持到比赛结束再生病。病倒计划已制订，如果我病倒，由××代理竞赛长。"我自诩不是感性的女生，可看到这些我的眼眶发酸，心中百感交集。寥寥数语，带给我的感触难以名状，我们怎敢忘记那一群眉睫挂霜，全副武装在冰天雪地里默默工作的无名英雄。赛事第一，在这里每个人都心怀使命，俯首甘为孺子牛。

相随

在服务冬奥工作中，我和同学身在同一个岗位，一起负责冬季两项中心涵盖反兴奋剂、奥林匹克大家庭、体育展示等领域共计11台成绩打印机的日常维护和赛时监控工作。满足各工作领域需求是工作中极为重要的一环，我们需要在赛前反复核对复杂的配置表单，并保持高时效性，有时在志愿者驻地也要继续办公，提前到岗，晚数小时离岗对于我们来

第三章　家国情
赓续传承　共创未来

说是工作常态。冬残奥期间，冬季两项中心增加了越野滑雪项目，工作量成倍增加，密集的比赛日程压缩了正常用餐时间，巧克力成了我们的必备神器。没有一个人退缩，只因为我们不仅代表自己，更代表着学校，代表着志愿精神，高强度、持续性的工作让我们更加体会到身上肩负的使命。

相念

2022年3月10日，风和日丽的一天，最高气温16摄氏度，冬去春来，梦花开。感恩我的学校为我们提供如此珍贵的机会，感恩无条件支持我的家人，感恩每天给我们做核酸的医务工作者，感恩每天都不能正点吃饭的餐饮工作人员，感恩每天为我们送水、清废的后勤保障人员，感恩每一位默默坚守在自己工作岗位上的普通人，我们的平凡铸就了这一届不平凡的冬奥盛会。

2022年3月13日晚，北京2022年冬残奥会在鸟巢圆满闭幕。当大雪花中央的主火炬缓缓熄灭的那一刻，我鼻头一酸，眼眶湿润。

李明璇在赛时场馆技术运行中心（VTO）监测成绩信息

当"微火"熄灭,大雪花又重新在鸟巢中央闪烁光芒,终于,我再也忍不住,热泪盈眶。圣火虽灭,但其精神仍在吾辈怀中熠熠闪光。"奉献、友爱、互助、进步"的志愿精神体现在冬奥、冬残奥志愿服务的每一个细节中。"微火"虽微,却是光芒。生在红旗下,识于冰雪中,吾辈荣光!

我们每个人都是一簇"微火",我们的"微火"也是耀眼的光芒!燕大冬奥人将会继续发扬熔铸在骨子里的奋斗基因、工匠精神、卓越品质和家国情怀,为共圆燕大梦和中国梦贡献青春力量!

李明璇与冬季两项技术组志愿者在户外搬运设备

第三章　家国情

赓续传承　共创未来

冰雪语者

于浩瀚

燕山大学文法学院 2019 级本科生

北京 2022 年冬奥会、冬残奥会期间，我分别作为语言服务志愿者和礼宾志愿者活跃在第一线。冬季两项作为动静结合的热门赛事，吸引了众多国内外贵宾前来观赛。

在赛时阶段，大家庭休息室的到访人数屡创新高，比赛日平均每日接待的外宾人数达到了 140 余人次，场馆礼宾与语言服务团队面临着很大的运行压力，于是，我和几位小伙伴主动承担起了冬奥大家庭休息室的语言服务与礼宾接待工作。我曾作为随队翻译在经理的带领下接待了国际奥组委主席巴赫、国际奥委会北京冬奥会协调委员会主席胡安·安东尼奥·萨马兰奇（小萨马兰奇）、国际残奥委主席安德鲁、蒙古国总理及外长、摩纳哥亲王阿尔贝二世、国际冬两联盟主席达林等人。

在大家庭休息室内以及大家庭的入口流线上，我们积极为到来的外宾提供语言服务志愿工作，为外宾提供运动员观赛区、射击区、摄影区引导是我最常做的工作，但印象最深刻的还是为外宾提供交通服务。开赛第三天，气温很低，有位外宾朋友着急地向我询问坐哪一辆大巴能够最快抵达张家口云顶滑雪公园，我确定好外宾的交通乘车权限后迅速帮助

奥运梦 志愿路 家国情

她呼叫了T3的出租车,并尽可能地帮助她解释了关于春节的习俗与传统,出租车到来之后,她激动地向我挥手致谢与道别。这件事给我的触动很深,就在那一刻,我深刻地意识到——我不只是一个事无巨细的翻译,还是传递文化的桥梁,翻译的本质是传播,他其实是一种跨越文化的信息交流。实现语言沟通只是第一层,其背后承载着不同文化、国家、语言、民族之间的沟通与交流的任务。

在每场比赛结束之后,我都会与礼宾领域的小伙伴一同引导本场比赛的颁奖嘉宾进入颁奖候场区域,与仪式庆典的工作人员完成工作交接,并且为颁奖嘉宾用英文细致地讲解整场比赛的颁奖流程。

冬奥会及残奥会期间,我还承担了礼宾旗与各国国旗的升旗工作。我和伙伴们会按照旗帜手册对各国国旗进行标签排号,在开幕式前保证

于浩瀚在检查礼宾旗与各国国旗

第三章　家国情
赓续传承　共创未来

各面旗子顺利升起，并且在开赛后每日检查国旗是否正常，有问题及时进行解决和处理。

国家冬季两项场馆赛程紧密，临时、紧急的任务需求层出不穷，这就对语言服务与礼宾志愿者的专业水平和业务能力提出了更高要求。"一刻也不能停、一步也不能错、一天也误不起"，在冬奥会期间，我们努力下足"绣花针"功夫，切实为国家冬两场馆各业务领域提供精准、专业、权威、优质的语言服务保障，努力打造北京冬奥会张家口赛区语言服务的"金名片"。在残奥会期间，我与团队成员每日都保持着热情饱满的工作状态，无论赛前与赛后，我们都积极与安保、交通、清废、餐饮等工作领域进行沟通协调，处理繁复的筹备与收尾工作。在比赛日，我们主要完成看台座席管控、奥林匹克大家庭休息室管理、通行权限验证、颁奖嘉宾对接等多项日常性工作，这些工作对我们的细心和认真程度提出了很高的要求，虽然工作琐碎繁杂，但也确实锻炼了我的组织和协调能力，遇到再难的事情我也不犯怵了。

同时，我们充分利用团队成员们的多语言优势，以法语、韩语、德语、日语、俄语等小语种，结合流利的英语为各国嘉宾服务，受到了来访贵宾的广泛好评。我们非常荣幸可以收到国际奥组委、国家体育局、国际冬两联盟以及冬奥大家庭助理等的感谢信，这让我们受到了极大的鼓舞，对于完美完成所有工作充满了信心和热情。

这一段志愿服务经历让我收获了很多，也更加理解了志愿精神的含义。冬奥会工作是由一个个细节汇聚而成的，参与其中的每个人都做好自己的本职工作，冬奥会就一定会精彩非凡。作为志愿者，我想说，我们做到了！我们以精益求精、万无一失的工作标准严格要求自己，努力地展现了当代中国青年良好的精神风貌，传播了中国文化，讲好了中国故事，传播出了中国声音,展示出了真实、立体、全面的中国。

心相交、梦相融。就让我们珍藏起北京冬奥会与冬残奥会的宝贵记忆,携手并肩,共奏一曲百花齐放、激昂雄浑的命运交响——与世界一道,奔向更美好的未来!

于浩瀚(左二)引导IOC主席巴赫与
IBU主席达林前往比赛区